왜
고구려
우씨 왕후는
두번 왕후가
되었을까?

교과서 속 역사 이야기, 법정에 서다

06
역사공화국
한국사법정

왜 발기 왕자 vs 우씨 왕후
고구려
우씨 왕후는
두 번 왕후가
되었을까?

글 김용만 | 그림 이동철

|주|자음과모음

'역사'를 뜻하는 영어 단어 'History'는 남성들의 이야기(His+Story)라는 우스갯소리가 있습니다. 실제로 우리가 알고 있는 역사는 남성 중심의 역사였습니다. 위대한 영웅이나 성인 가운데는 남성이 절대다수를 차지하고 있고, 여성은 찾기 어렵습니다. 인류 역사가 남성 위주로 진행되어 온 것은 분명 사실입니다. 하지만 본래부터 남성이 여성보다 뛰어났기 때문에 역사가 이렇게 진행된 것은 아닙니다. 여러 원인이 있겠지만, 전쟁에서 공을 세워 권력을 쥔 남성들이 여성을 억압하고, 남성은 귀하고 여성은 천하다는 생각을 퍼뜨려 남성 위주의 사회 질서를 만들면서 여성들이 역사의 뒷전으로 밀려난 것이라 추측됩니다.

특히 조선 시대 여성의 경우, 태어나서는 아버지, 결혼해서는 남편, 아들이 성장해서는 아들의 의견에 따르도록 강요받았습니다. 여성은 보호받아야 할 대상이지, 세상을 이끌어 가는 사람은 아니라고 여겼지요. 여성의 목소리는 함부로 집 담장 너머까지 들려서는 안되었고, 사회생활은 물론 재혼도 어려웠습니다. 그러므로 우리 역사에서 '여성' 하면 자식인 이율곡을 잘 키워 낸 조선 시대의 여류 예술가인 신사임당 외에는 딱히 두드러진 인물이 없었다고 생각하기 쉽습니다.

하지만 역사가 남성 위주로 진행되었다고 해서, 여성들이 자신들의 주장을 내보이지 않고 뒤로 숨어 있었던 것만은 결코 아닙니다. 삼국 시대 여성들의 생활상을 보면 조선 시대 후기를 살았던 여성들과는 전혀 다른 삶을 살았음을 알 수 있습니다.

고구려 9대 왕인 고국천왕의 왕후였던 우씨 왕후의 삶을 한번 살펴볼까요. 그녀의 삶은 조선 시대 성리학자로서는 도저히 상상할 수 없는 것이었습니다. 놀랍게도 그녀는 남편인 고국천왕이 죽자 왕의 동생, 즉 자신의 시동생을 왕위에 앉히고 시동생의 부인이 되어 다시 왕후가 됩니다. 그녀가 연속으로 두 번이나 고구려의 왕후가 된 것은 너무나 놀라운 일입니다.

그러나 고구려에는 '형사취수혼'이라는 풍습이 있었습니다. 형이 죽으면 동생이 형의 부인인 형수를 아내로 삼는 결혼 풍습입니다. 여자의 입장에서 본다면 남편이 죽으면 시동생과 결혼 생활을 하는 것입니다. 이 결혼 풍습은 고구려의 어머니 나라인 부여는 물론, 흉노를 비롯한 유목 민족의 나라에 널리 퍼져 있었습니다. 조선 시대 유학자들은 이 풍습을 인간으로서는 도저히 할 수 없는 나쁜 짓이라 생각했어요. 그렇지만 이런 풍습이 있다고 해서 고구려를 이상한 나라라고 말할 수는 없습니다. 다만 지금 시대와는 달랐을 뿐이지요.

여성의 입장에서 우씨 왕후를 본다면, 그녀는 대단히 적극적으로 자신의 운명을 개척한 당찬 여성이라 할 수 있을 것입니다. 우리는 그녀의 삶을 통해 고구려뿐만 아니라 삼국 시대 여성들의 삶과 당시의 여러 풍속을 보다 친근하게 알아볼 수 있지요.

그런데 그녀의 적극적인 행동으로 인해 인생이 꼬여 버린 사람이 있습니다. 그는 본래 고구려의 임금이 되어야 할 발기 왕자입니다. 발기 왕자는 어떤 이유로 우씨 왕후에게 소송을 제기한 것일까요?

발기 왕자가 제기한 소송에 대해 한국사법정은 어떤 판결을 내릴까요? 여러분도 이 글을 읽으며 남녀로 편을 갈라 피고와 원고를 응원하기보다는 발기 왕자와 우씨 왕후 중에 어느 편이 더 올바른 선택을 했는지를 두고 스스로 판결을 내려 보십시오. 우씨 왕후와 발기 왕자의 소송을 지켜보는 가운데 고구려 역사의 새로운 모습을 발견할 수 있을 것입니다.

김용만

차례

부여에서 내려온 주몽은 압록강 중류에 자리를 잡고 고구려를 세우고 왕위에 앉았다. 고구려는 주변 지역을 정복하여 세력을 키워나갔으며 활쏘기와 말타기 같은 무예를 중시하였다. 또한 고구려에는 남자가 여자 집에 가서 일정 기간 사는 서옥제라는 혼인 풍습이 있었다.

| 중학교 | 역사 |

I. 문명의 형성과 고조선의 성립
  5. 만주와 한반도의 여러 나라
    (1) 만주에서 일어난 부여와 고구려

II. 삼국의 성립과 발전
  1. 삼국 및 가야의 성장
    (1) 고구려와 백제의 성장

고구려는 중국 세력에 대항하면서 성장하였다. 1세기 후반 태조왕은 동해안으로 뻗어나가 옥저를 정복하였고, 요동으로 영토를 넓혀 중국 한의 침략에 맞서 싸우면서 국력을 키워 나갔다.

고구려를 포함한 삼국은 초기부터 주변의 작은 나라들에 대한 활발한 정복 활동을 전개하였고, 이를 주도한 국왕의 권력이 점차 강화되었다. 그러나 국가 주요 운영 사항은 귀족회의를 통해 결정되었으므로 아직까지는 국왕이 절대적 권력을 갖지 못하였음을 알 수 있다.

| 고등학교 | 한국사 | Ⅰ. 우리 역사의 형성과 고대 국가
  3. 삼국, 교류와 경쟁 속에서 발전하다
    1) 삼국, 중앙 집권적 고대 국가로 성장하다 |
| | | Ⅰ. 우리 역사의 형성과 고대 국가
  3. 삼국, 교류와 경쟁 속에서 발전하다
    2) 삼국 간의 상호 항쟁이 본격화되다 |

2세기 후반 고국천왕은 체제 개혁을 추진하여 부족적 전통의 5부를 행정적인 5부로 개편하였다. 또한 형제 상속의 왕위 계승을 부자 상속으로 바꾸어 왕권을 강화하고자 하였다.

발기 왕자(150년경~197년)

나는 고구려 8대 왕인 신대왕의 셋째 아들이자, 고구
려 9대 왕인 고국천왕의 동생입니다. 형님인 고국천
왕이 자식 없이 돌아가신 후 원래 바로 아래 동생인
내가 왕이 되는 게 정상이었지요. 그런데 고국천왕의
왕비인 우씨 왕후 때문에 동생인 연우에게 왕위를 빼
앗겼답니다.

원고 측 변호사 **나당연**

역사공화국 한국사법정의 변호사 나당연입니다. 역사
가 '히스토리(His+Story)'인 까닭은 역사를 남성들이 움
직이기 때문이라고 생각하는 사람 중 하나입니다. 나더
러 '꽉 막혔다'라고 얘기하는 사람들도 있기는 하지만,
내 소신을 굽힐 생각은 추호도 없습니다. 발기 왕자의
변호를 맡아 그 억울함을 밝히기 위해 끝까지 최선을
다할 생각입니다.

원래 무당이라 함은 신을 섬기는 일에 종사하며 굿을 전문으로 하는 사람을 가리키지요. 과학 등이 지금보다 덜 발달했던 당시 나의 역할은 지금보다 훨씬 컸답니다. 나는 왕의 곁에서 신의 뜻을 전하거나 정치적인 조언을 해 주었지요. 그래서 궁중에서 벌어진 일들을 잘 알고 있답니다.

고구려 11대 국왕인 동천왕이 바로 나의 아들입니다. 원래 나는 관노부 주통촌 출신으로 귀한 신분은 아니었습니다. 하지만 산상왕의 눈에 들어 그분의 아기를 갖게 되었지요. 우씨 왕후는 산상왕과 나의 사이를 질투해서 나를 죽이려고도 했답니다.

나는 조선 시대 역사학자로 『동사강목』이라는 책을 썼습니다. 역사학자이자 실학자로 많은 이들과 교류를 하며 사상을 형성해 나갔지요. 그런 내가 생각할 때는 두 번이나 왕후가 된 우씨 왕후의 행동은 비난받아 마땅합니다. 자신이 계속 왕후 자리에 앉아 권력을 휘두르고 싶은 속셈이 빤히 들여다보이지 않습니까?

피고 우씨 왕후(160년경~234년)

나는 연나부 우소의 딸로, 서기 180년에 고국천왕의 왕비가 되었답니다. 하지만 재위 19년 만에 고국천왕이 죽자 고국천왕의 둘째 동생인 연우 왕자를 추대하여 왕으로 만들었지요. 당시에는 형이 죽으면 동생이 형 대신 부부의 연을 맺어 형수와 아이들을 보살피는 '형사취수혼'이라는 혼인 풍습이 고구려의 전통이어서 결코 비난받을 일은 아니었어요. 문제가 된다면 다음 남편을 여자인 내가 선택했다는 것뿐이지요

피고 측 변호사 오자유

내 이름은 오자유, 역사공화국에서 똑 부러지는 성격에 어디에고 얽매이는 것을 싫어하고 정의감에 불타는 여성 변호사지요. 내가 가장 싫어하는 말은 "여자라서 안 돼"와 "암탉이 울면 집안이 망한다"입니다. 여성이라는 이유만으로 부당한 대우를 받아서는 안 된다고 생각합니다.

나는 고구려 6대 태조 대왕의 어머니랍니다. 내 아들은 내 힘과 나의 친정인 부여 출신 세력의 힘으로 왕이 될 수 있었지요. 이때 아들의 나이 고작 일곱 살이었답니다. 그래서 내가 나이가 어린 아들을 대신해 10년간 나라를 다스리면서 고구려를 크게 발전시켰지요.

나는 고국천왕 형님의 셋째 동생입니다. 연우 형이 산상왕이 된 후, 이에 불만을 품은 발기 형이 반란을 일으켰을 때 군사를 이끌고 나가 발기 형과 맞서 싸웠지요. 마음 아프게도 성공하지 못한 발기 형은 스스로 목숨을 끊고 말았답니다.

나는 역사공화국의 공명정대한 판사, 공정한이라고 합니다. 이름에서도 알 수 있듯이 공명정대하게 판결할 것을 굳게 다짐하는 바입니다.

"한 사람이 두 번이나 왕후가
되는 것이 말이 됩니까?"

여기는 역사공화국 영혼들의 마을.

나, 나당연 변호사는 세상 모든 일이 급격히 바뀌는 것이 싫은 사람이야. 갑자기 큰 변화가 생기면 사람들의 삶이 불안해지거든. 그래서 난 세상을 마구 바꾸려는 사람들을 싫어해. 나 같은 사람을 보수주의자라고 하던데. 좋아, 보수주의자라고 하든 말든!

내가 좋아하는 단어는 질서야. 아침에는 동쪽에서 해가 뜨고, 저녁에는 서쪽으로 해가 져야지. 이 당연한 이치가 갑자기 뒤바뀌면 큰일 나지 않겠어? 질서는 어긋나면 안 돼. 세상에는 남자가 있고, 여자가 있지. 아버지는 아버지다워야 하고 자식은 자식다워야 하듯이, 남자는 남자답게 여자는 여자답게 각기 역할이 있는 거야. 그리고 한 집안의 가장은 당연히 남편이지.

"암탉이 울면 집안이 망한다"는 말 알지? 그래, 그건 나도 좀 억지스럽다고 생각해. 그렇지만 여성이 남성과 모든 면에서 같다거나 동등하다는 주장은 더 억지스럽다고 생각해. 아무 이유 없이 여성을 불리하게 '차별'하면 안 되지만, 여성이 남성과 다른 그 '차이'는 분명 인정해야 하지 않을까. 남자는 군대에 가서 나라를 지키지만, 여성은 군대에 가지 않잖아? 또 무거운 것을 들어 옮기거나 돈을 벌어 가족을 부양하는 것도 다 남자들이지.

그런데 남자 알기를 우습게 아는 여성들이 최근 많아지고 있으니, 원. 요즘 영혼 세계에 오는 애들 가운데 꽃미남이라나 뭐라나. 생긴 건 꼭 계집애처럼 생긴 애들이 뭐 좋다고 여자들에게 인기가 있는지. 전쟁이 나면 그런 애들을 어디다 쓰려는지, 참 한심한 노릇이지.

역사가 왜 '히스토리(His+Story)'인 줄 알아? 그건 다 남성들이 역사를 움직여 왔기 때문이지. 그런데 오늘 나와 같은 생각을 가진 발기 왕자가 나를 찾아왔더군. 발기 왕자의 말을 듣고 있으려니 속에서 화가 마구 치밀어 오르더군.

발기 왕자가 누구냐면 말이야, 고구려 9대 왕인 고국천왕의 바로 아래 동생이야. 형인 고국천왕이 자식 없이 죽었으니, 당연히 고구려 10대 임금이 되어야 할 인물이었지. 그런데 죽은 고국천왕의 부인인 우씨 왕후, 그러니까 발기 왕자의 형수가 글쎄 발기 왕자의 동생 연우 왕자와 눈이 맞은 거야. 그래서 연우 왕자를 임금으로 삼고, 연우 왕자의 부인이 되었다지 뭐야. 어제까지는 형수였다가, 오늘은 제수씨라니. 이런 콩가루 집안을 보았나. 세상에 세상에나!

발기 왕자의 이야기를 들어 보니, 내가 더 참을 수 없더군. 도저히 참을 수가 없었어. 그래서 역사책을 뒤져 보았지. 그랬더니 우씨 왕후는 발기 왕자가 죽고 난 후에도 아주 잘 먹고 잘 살았더군. 그러니 발기 왕자가 얼마나 억울하겠냐고! 그래서 나는 발기 왕자가 소송을 의뢰한 것을 받아들였어.

그런데 하필 상대편 변호사가 내가 가장 싫어하는 오자유 변호사란 말이야. '남녀평등위원회'인가 뭔가 하는 단체에서 활동한다는

왜 고구려 우씨 왕후는 두 번 왕후가 되었을까?

소문이 들리는 여성 변호사인데, 지난번 소송에서 나 같은 남자를 제일 싫어한다고 공공연히 떠든 일을 생각하면 아직도 화가 난단 말이야.

하여튼 마음에 안 들어. 정말 나도 싫어! 그렇지만 이번 재판에서 확실히 이기고야 말겠어. 그래야 윤리를 어기고 질서를 파괴하는 우씨 왕후 같은 자들을 벌하고 사람들 사이의 질서를 확립할 수 있지 않겠어. 그것이 나, 나당연 변호사의 임무이기도 하고 말이야.

우씨 왕후가 살았던 고구려

　추모왕에 의해 기원전 37년에 세워진 고구려는 주몽의 아들인 유리왕에 의해 나라가 이어집니다. 유리명왕은 선비족을 공격하여 영토를 넓히고, 수도를 졸본에서 국내성으로 옮기는 등 나라의 기틀을 잡기 위해 노력하지요. 유리명왕 이후 3대 대무신왕, 4대 민중왕, 5대 모본왕, 6대 태조대왕이 차례로 즉위를 합니다. 태조대왕 때에는 동옥저를 비롯해 주변의 소국들을 차례로 정벌하여, 영토를 크게 넓혔습니다. 남부 만주와 한반도 북부 지역의 최강자가 된 고구려는 서쪽으로 후한을 자주 습격해 물건을 빼앗고, 포로를 잡아와 국력을 더욱 키웠습니다. 태조대왕의 뒤를 이어, 7대 차대왕이 즉위했습니다. 고구려는 5부가 서로 힘을 합쳐 나라를 지탱했는데, 차대왕이 정치를 잘못하자 연나부의 명림답부가 차대왕을 죽이고, 신대왕을 8대 임금으로 모셨습니다. 이 사건으로 연나부의 힘이 왕실과 버금갈 정도로 강해졌습니다. 그래서 9대 임금 고국천왕이 연나부 출신 우씨를 왕후로 맞아들이게 된 것입니다. 그런데 연나부 귀족들이 왕후를 믿고 행패를 부리자, 과감한 성격의 고국천왕은 그들을 제압하고, 귀족이 아닌 을파소를 최고 관직인 국상에 임명합니다. 을파소는 평민의 신분이었으나 고국천왕을 도와 어진 정치를 펴 나간 것으로 잘 알려져 있습니다. 을파소의 도움을 받아 가난한 사람을 돕는 진대법을 실시하였습니다. 이는 백성들의 빈곤을 덜어 주고 농민층이 귀족 세력에 예속되는 것을 막아 왕권을 강화하려는 것이었지요.

그러나 고국천왕은 아들을 두지 못하고 죽게 됩니다. 그런데 고국천왕이 죽은 사실을 왕후인 우씨 왕후가 숨기고, 왕의 둘째 동생인 연우를 새 임금인 산상왕으로 추대하게 되지요. 이에 발기는 불만을 갖게 되어 연우를 공격하려다가 뜻을 이루지 못하고 요동으로 달아나게 됩니다.

원고 | 발기 왕자	대리인 | 나당연 변호사
피고 | 우씨 왕후	대리인 | 오자유 변호사

청구 내용

나는 고구려 8대 신대왕의 둘째 아들로, 원래는 형님인 고국천왕의 뒤를 이어 고구려 10대 임금이 되었어야 할 발기 왕자라고 합니다. 그런데 내가 왜 왕이 되지 못했을까요? 그것은 바로 욕심이 많았던 내 형수, 우씨 왕후가 음모를 꾸며 내가 왕위에 오르지 못하게 했기 때문입니다.

나는 이에 화가 나 군사를 일으켰지요. 역부족이라 급한 마음에 잃어버린 내 자리를 되찾기 위해 후한의 세력을 끌어들여 다시 고구려를 공격했습니다. 그 일이 고구려에 피해를 입혔다는 사실을 인정합니다. 그래서 사람들은 나를 반역자로 기억하고 있지요. 고구려의 왕자로서 적인 후한의 세력을 끌어들인 점만큼은 깊이 반성하고, 후회하고 있습니다. 그래서 나는 부끄러운 과거를 인정하고 스스로 죽음을 택하여 이곳 역사공화국에 오게 되었지요.

하지만 내가 반역자가 된 것은 전적으로 형수였던 우씨 왕후 때문이었습니다. 우씨 왕후는 마땅히 나에게 돌아와야 할 왕위를 사악한 계략을 써서 가로채, 동생 연우 왕자에게 넘겨 주었습니다. 우씨 왕후는 이에 대해 연우 왕자와 몰래 약속했던 것 같은데, 그것은 나를 우롱

하고 형제간의 우애와 국가의 질서까지 파괴하는 파렴치한 짓이었습니다.

우씨 왕후로 인해 나는 왕위를 잃고 형제를 잃고 또 조국마저 잃었습니다. 오로지 우씨 왕후 한 사람 때문에 나는 이렇게 타락한 왕자, 나라의 반역자가 되고 만 것입니다.

따라서 나는 우씨 왕후의 잘못을 낱낱이 밝혀내, 나에게 씌워진 더러운 오명을 벗고, 땅에 떨어진 명예를 회복하고 싶습니다. 무엇보다 우씨 왕후에게 왕위 찬탈에 대한 손해 배상 및 명예 훼손에 대한 보상을 청구합니다. 한국사법정에서 이에 대한 공정한 평가를 내려 주시기 바랍니다.

입증 자료

- 고려 시대 김부식이 쓴 『삼국사기』 「고구려 본기」
- 중국 진나라 진수가 쓴 『삼국지』 「위지동이전」 고구려 편
  그 외 자료 추후 제출하겠음.

위 청구인 발기 왕자
역사공화국 한국사법정 귀중

우씨 왕후는 발기 왕자에게
뭐라고 말했을까?

1. 발기 왕자는 왜 소송을 제기했을까?
2. 왜 우씨 왕후는 발기 왕자를 찾아갔을까?
3. 우씨 왕후의 선택은 올바른 것이었을까?

교과연계

역사
I. 문명의 형성과 고조선의 성립
　5. 만주와 한반도의 여러 나라
　　(1) 만주에서 일어난 부여와 고구려

발기 왕자는
왜 소송을 제기했을까?

"발기 왕자가 소송을 냈다네. 참, 별일이야. 고구려를 배신한 반역자 주제에 창피한 줄도 모르나? 어떻게 법정에 나올 생각을 했는지 몰라."

"발기 왕자가 반역 행위를 한 것은 사실이지만, 그는 자신에게 마땅히 돌아와야 할 왕위를 도둑질당했다고! 그러니 당연히 억울하지 않겠어?"

"그런데 발기 왕자는 왜 왕위를 빼앗은 연우 왕자가 아니라 우씨 왕후를 상대로 소송을 걸었을까?"

"그건 우씨 왕후가 음모를 꾸며 발기 왕자가 왕이 되는 것을 막고, 연우 왕자를 산상왕이 되게 했기 때문이라던데?"

"소송할 만하군그래. 하긴 우씨 왕후는 시동생을 왕으로 만들어 다시 결혼했다며? 어떻게 그런 일을 할 수 있지?"

"재미난 사람들이 만났네. 참, 이번 소송에서 우씨 왕후를 도우려고 남녀평등위원회 소속의 여성들이 대거 참여한다더군."

"자자. 모두 조용히 해 주시기 바랍니다!"

판사가 재판정으로 들어와 한가운데에 있는 높은 의자에 앉자 방청석은 곧 조용해졌다. 판사는 원고 발기 왕자와 피고 우씨 왕후를 번갈아 살펴본 뒤 입을 열었다.

판사　　그럼 지금부터 발기 왕자 대 우씨 왕후의 재판을 시작하겠습니다. 먼저 원고 측 변호인, 이번 재판이 열리게 된 이유를 간단히 말씀해 주시지요.

나당연 변호사　　네, 판사님. 이번 사건은 고구려의 발기 왕자가 형수인 우씨 왕후를 상대로 낸 '왕위 찬탈에 대한 손해 배상 및 명예 훼손에 대한 보상'을 청구한 소송입니다.

원고 발기 왕자는 고구려 8대 신대왕의 셋째 아들로 태어나 형인 고국천왕의 뒤를 이어 고구려 10대 임금이 될 운명을 갖고 있었습니다. 그런데 권력에 눈이 멀었던 형수 우씨 왕후는 남편인 고국천왕이 죽자, 원고의 동생인 연우 왕자와 짜고 고국천왕의 **유언**을 조작하여 다음 왕위를 연우 왕자에게 넘겼습니다. 다시 말하면, 우씨 왕후는 시동생을 꼬셔 가지고 모든 사람이 분노할 만한 엄청난 죄악을 저지른 것입니다.

연나부
고구려에는 다섯 개의 부족이 있
었는데 연나부는 그중 하나입니
다. 절노부라고도 부르지요.

요동 태수 공손도
후한 말기의 세력가 공손도는 동
북 지방 가운데 한 행정 구역인
요동군을 다스리는 지방관인 태
수였습니다. 요동 태수로 있으면
서 발기 왕자를 돕기도 했으며,
후한의 정치가 어지러워지자 스
스로 세력을 키워 반쯤 독립된
나라를 만들기도 했습니다.

반역 행위
나라와 겨레의 믿음과 의리를 저
버리고 돌아서는 행위 또는 통치
자에게서 나라를 다스리는 권한
을 빼앗으려고 하는 행위를 말하
지요.

판사　우씨 왕후가 시동생과 결혼이라도 했단 말인가요?

나당연 변호사　그렇습니다. 우씨 왕후와 연우 왕자가 고구려 백성들을 속이고 왕위를 빼앗자, 발기 왕자는 잘못된 왕위 계승을 바로잡기 위해 투쟁했습니다. 하지만 피고와 피고가 속한 **연나부** 세력이 힘을 합쳐 대응했기 때문에 실패하고 말았지요. 원고는 어쩔 수 없이 후한의 **요동 태수 공손도**에게 도움을 받아 왕위 계승 문제를 바로잡고자 했습니다. 물론 이 부분에서 원고 스스로도 죄를 뉘우친 바 있듯이, 후한의 세력을 끌어들인 것이 고구려에 대한 **반역 행위**였음을 부인하지 않겠습니다.

판사　적을 고구려로 끌어들인 셈이니까요.

나당연 변호사　하지만 원고가 단순히 반역자로만 기억되어서는 곤란할 것입니다. 원고는 분명 자신의 정당한 권리를 빼앗긴 억울한 사람입니다. 따라서 원고는 불가피하게 반역 행위를 하게 된 것입니다. 그것도 어디까지나 우씨 왕후의 거짓말에 고구려 백성들이 속아 넘어갔기 때문이지요.

　나당연 변호사의 말에 방청석이 술렁였다.

　"우씨 왕후가 거짓말을 했다고?"

　"그럼 우씨 왕후가 잘못한 것 아냐?"

　"나라도 왕위를 빼앗기면 가만 안 있을 것 같아. 발기 왕자의 심정이 충분히 이해가 가……."

판사　다들 조용히 하세요. 재판을 방해하는 사람은 이 신성한 법정에서 내보내겠습니다. 원고 측 변호인, 계속 설명하세요.

나당연 변호사　우씨 왕후는 역사에 남을 만한 거짓된 행위로 고구려 왕실의 정당한 왕위 계승을 막고, 발기 왕자와 같은 피해자를 만들었습니다. 그럼에도 불구하고 우씨 왕후는 한국 역사상 유례가 없을 정도로 두 번이나 연속해서 왕후가 되는 영광과 온갖 부귀영화를

자결
의분을 참지 못하거나 지조를 지
키기 위해 스스로 목숨을 끊는
것을 말하지요.

누렸습니다. 반면 원고는 자결함으로써 스스로 죄에 대한 벌을 받았고, 지금도 그 죄를 반성하고 있습니다.

하지만 우씨 왕후는 자신의 죄를 뉘우치기는커녕 역사공화국에 와서도 남녀평등을 운운하며 뻔뻔하게 여성들을 위한답시고 인권운동가로 활동하고 있습니다. 더 기가 막힌 것은 지금 대한민국에서 살고 있는 후손들도 마치 우씨 왕후가 대단한 일을 했고, 당당하게 살아간 여성이라며 우러러보고 있다는 것입니다. 이것은 너무도 부당합니다.

존경하는 판사님, 이번 사건을 명확히 판결하시어 역사공화국에 정의가 살아 있음을 널리 알려 주시기를 당부드립니다.

나당연 변호사가 소송을 청구한 이유를 설명하자, 방청석이 다시 소란스러워졌다. 여기저기서 "발기 왕자가 못된 사람인 줄 알았더니, 우씨 왕후가 더 못된 사람이로구먼" 하는 소리가 들려왔다.

판사는 조용히 침묵을 지키며 방청석의 소리에 귀를 기울였다.

"고구려 백성을 속여 권력을 빼앗다니! 허, 이거 발기 왕자가 소송을 걸 만도 하군."

"우씨 왕후가 남녀평등위원회 소속이라던데, 이제 보니 왕의 유언을 조작한 범죄자였군그래."

"암탉이 울면 나라가 망한다는데, 어떻게 왕의 유언을 가지고 사기 칠 생각을 했지? 어휴, 저 눈빛 좀 봐. 불여우처럼 생겼네."

나이 많은 남자 방청객들이 소리 높여 피고를 비난했다. 남녀평등위원회에서 나온 여성 방청객들은 말을 아끼는 듯 피고 측 변호사의 대응을 기다렸다.

판사 자, 방청석에 계신 분들은 조용히 해 주시기 바랍니다. 이번 재판은 자칫하면 남성과 여성으로 편이 갈려 서로 대립하는 구도로 진행될 수도 있겠습니다. 그렇게 되면 역사공화국에 괜한 소란만 생길 것입니다. 방청객 여러분께서는 재판이 끝날 때까지 과격한 반응을 자제해 주시고, 원고와 피고 측의 이야기를 충분히 듣고 난 후에 판단해 주시기 바랍니다.

자, 원고 측 변호인의 말씀 잘 들었습니다. 오늘 소송을 제기한 핵심을 잘 정리해서 말씀해 주셨습니다. 좋습니다. 그럼 이제 원고인 발기 왕자에게 발언의 기회를 드리도록 하지요. 손해 배상을 청구했는데, 원고가 구체적으로 어떤 손해를 입었는지 말씀해 주시지요. 원고 측 변호인이 대신 변론을 해도 좋습니다.

나당연 변호사 네, 판사님. 이번 소송에서 가장 중요한 문제는 바로 우씨 왕후가 발기 왕자의 왕위를 빼앗았다는 것입니다. 따라서 저는 이번 재판을 통해 왕위 계승 서열 1위였던 발기 왕자를 진정한 왕으로 인정해 주고, 우씨 왕후와 연우 왕자, 즉 산상왕을 고구려의 반역자 명단에 올리기를 요청하는 바입니다.

판사 좋습니다. 이번에는 피고 측 변호인께서 발언해 주시기 바랍니다.

오자유 변호사 저는 이번 소송을 처음 의뢰받았을 때, 원고 발기

후한

중국의 옛 나라 가운데 하나로 25년에 세워져서 220년에 멸망했습니다. 후한의 동쪽 지역인 요동군, 현도군, 낙랑군에서는 고구려와 잦은 다툼이 있었지요.

매국노

사사로운 이익을 위하여 나라의 주권이나 이권을 남의 나라에 팔아먹는 행위를 하는 사람을 이르는 말입니다.

왕자의 주장이 너무나 터무니없다고 여겼습니다. 원고는 정당한 왕위 계승을 운운하는데, 왕위란 능력 있는 자가 차지하는 것이 당연한 것 아니겠습니까? 그런데 발기 왕자는 왕위에 앉을 능력이 안 되어 밀려나자, 고구려의 적인 **후한**의 요동 태수에게 달려가 체면도 버리고 군사를 빌려 왔습니다. 그러고는 고구려 백성을 공격해 왕이 되려고 했지요. 이것은 반역 행위입니다. 그러니 어떻게 반역자 발기 왕자를 고구려의 진정한 왕으로 인정해 줄 수 있겠습니까? 원고는 그야말로 반역자 마을에서 매일 반성을 하며 살아도 시원치 않은데, 뭐가 억울하다고 소송을 제기했는지, 그 뻔뻔함이 무서울 지경입니다.

판사   피고 측 변호인은 원고에 대한 인신공격적인 발언은 삼가시기 바랍니다.

오자유 변호사   네. 주의하겠습니다.

나당연 변호사   판사님, 피고 측 변호인이 지적한 반란에 대해 먼저 말씀드리고자 합니다. 고구려 역사상 외적을 끌어들여 조국을 공격한 사람은 두 명인데요. 한 명은 여기 나와 있는 원고이고, ▶다른 한 명은 연개소문의 장남, 남생입니다. 남생은 동생인 남건, 남산 형제와의 권력 싸움에서 패하자 당나라로 도망갔다가, 당나라 군대의 앞잡이가 되어 고구려를 멸망시켰습니다.

판사   앞잡이 노릇을 하다니, 완전히 **매국노**였군요.

교과서에는

▶ 백제를 멸망시킨 신라는 당과 연합하여 고구려를 공격했습니다. 고구려는 계속되는 전쟁으로 인해 국력이 약해졌고, 민심이 떠나고 있었습니다. 또한 연개소문의 사망 이후 지배층은 권력을 가지려고 서로 싸웠지요. 그 결과 국력은 더욱 약해졌습니다. 결국 668년, 고구려는 나당 연합군의 공격으로 멸망했습니다.

나당연 변호사　　　네. 남생은 고구려를 멸망시켜 놓고도 당나라에서 높은 벼슬을 얻어 잘 먹고 잘 살았습니다. 결국 죽은 후에 반역사 나을로 들어가 지금까지 고구려 출신의 영혼들에게 비난을 받고 있지만 말입니다.

　　하지만 판사님, 원고는 다릅니다. 원고는 자신의 과오를 깊이 반성했습니다. 자신의 반역 행위가 잘못임을 깨닫고 스스로 목숨을 끊어 죄를 뉘우쳤으니까요. 그렇기 때문에 고구려 사람들도 그를 크게 탓하지 않았던 것입니다. ▶고구려 사람들은 용서의 의미로 원고 발기 왕자의 아들인 교위거를 제후왕인 고추가에 임명하기도 했으니까요.

판사　　　그렇다면 고구려 백성은 이미 발기 왕자를 용서했다는 말인가요?

나당연 변호사　　　그렇습니다. 원고를 단순히 반역자로 평가하기에는 그에게 뭔가 억울한 점이 있다는 것을 후손들도 인정한 것이지요. 누구나 한 번쯤은 실수할 수 있습니다. 중요한 것은 실수를 반성하고 뉘우치는 것입니다. 피고 측은 원고가 뻔뻔하다고 하지만, 진짜 반성해야 할 사람은 바로 피고입니다.

오자유 변호사　　　판사님, 이의 있습니다. 원고 측은 아무런 근거도 없이 피고를 죄인 취급하고 있습니다. 우씨 왕후가 뭘 어찌했기에 반성하란 말입니까? 역사가 증명해 주지 않았습니까? 원고는 고구려의 반역자이고, 피고는 고구려의 왕후였습니다. 고구려 사람들이 피고를 비난했다면, 어떻게 피고가 다시 왕후가 될 수 있었겠습니까?

나당연 변호사　판사님, 피고 측 변호인이 억지를 부리니, 이쯤에서 피고의 행적을 입증해 줄 증인을 불러 보겠습니다. 증인은 바로 고구려 임금의 종교적 조언자였던 무당입니다.

판사　좋습니다. 증인은 나와서 증인 선서를 하기 바랍니다.

무당　선서, 나는 신성한 한국사법정에서 오직 진실만을 말할 것을 맹세합니다.

나당연 변호사　증인은 고구려에서 어떤 일을 하셨습니까? 귀신을 섬기고 굿판을 벌이셨나요?

무당　당시의 무당은 여러분이 지금 생각하는 것과는 달랐습니다. 무(巫)라고도 불렀는데, 주로 왕의 곁에서 신의 뜻을 전하거나 정치적 조언을 해 주었지요. ▶그리고 나라에서 중요한 제사를 지낼 때면, 신을 모셔 오는 일도 했습니다. 때문에 궁중에서 일어난 일에 대해서 잘 알고 있지요.

나당연 변호사　네, 잘 알겠습니다. 판사님, 본래 제가 증인으로 부르고자 했던 분은 원고의 형이자, 피고의 남편이기도 했던 고구려 고국천왕이었습니다. 하지만 그분이 피고인 우씨 왕후의 얼굴을 두번 다시 보기 싫다면서 대신 증인을 추천해 주셨지요. 증인이 그 당시 상황을 잘 알고 있을 거라면서요.

판사　아, 그렇군요. 계속하세요.

나당연 변호사　예, 알겠습니다. 살아생전 증인은 고국천왕과 어떤 관계였습니까?

교과서에는

▶ 고구려는 10월이 되면 '동맹'이라는 제천 행사를 크게 열었습니다. 또한 건국 시조인 주몽과 주몽의 어머니 유화 부인에게 제사를 지내기도 했습니다.

무당　나는 고국천왕이 살아 계셨을 때에 신의 말씀을 왕에게 전달해수는 역할을 했고, 왕께서 신에게 느리는 제사에 함께 참여했습니다. 고국천왕은 죽은 후 후손들에게 전하고자 하는 말씀이 있었습니다. 나는 영혼과 접할 수 있는 능력을 이용해 고국천왕의 말씀을 후손들에게 전했지요. 그러니까 나는 고국천왕의 대변인이었던 셈입니다.

나당연 변호사　증인, 고국천왕과 우씨 왕후의 관계는 어떠했는지 말씀해 주시겠습니까? 그들은 사이좋은 부부였나요?

무당　젊은 시절에 우씨 왕후는 빼어난 미모를 가진 분이었습니다. 게다가 연나부 우소의 따님이었고요. 고국천왕의 아버지인 신대왕께서도 연나부의 도움을 받아 왕위에 오를 수 있었던 만큼 연나부의 힘이 막강했지요. 그래서 고국천왕도 우씨 왕후를 선뜻 자신의 **배필**로 맞이하신 것입니다.

배필
남편과 아내를 아울러 이르는 말로 부부로서의 짝이라고 할 수 있지요.

나당연 변호사　그렇다면 왕후가 된 우씨 왕후는 큰 권력을 가질 수 있었겠군요.

무당　그렇습니다. 우씨 왕후는 당시 왕실을 제외한다면 고구려에서 가장 강력한 세력을 자랑하던 연나부 출신이었고, 또 왕의 사랑을 받은 왕후였으니 당연하지요. 아울러 우씨 왕후는 정치적 능력도 매우 뛰어났습니다. 연나부 출신의 귀족들이 늘 그녀의 주변에 몰려 있었으니까요.

나당연 변호사　그런데 우씨 왕후가 고국천왕의 사랑을 차츰 잃었다던데, 그 이유는 무엇입니까?

패자 중외대부
패자는 '부족장에 버금가는 자'
라는 뜻이며, 중외대부는 오늘
날 장관에 해당하는 높은 벼슬
입니다.

평자
고구려 역사상 좌가려만 가졌던
칭호로, 높은 직위를 가리키는
것으로 보입니다.

무당　고국천왕이 왕이 된 지 12년째인 190년 9월에 일어난 반란이 결정적인 계기였습니다. 고국천왕은 원래 젊고 매력적이며, 연나부의 강력한 힘을 등에 업은 왕후의 말을 잘 들어주었습니다. 그러다 보니 시간이 갈수록 그 정도가 점점 심해져 '왕보다 왕후의 힘이 더 강하다'거나, '고구려를 움직이는 것은 왕실이 아니라 연나부'라는 말이 나올 정도였습니다. 게다가 연나부의 **패자 중외대부**인 어비류와 **평자** 좌가려는 왕후의 친척임을 내세우며 자기 멋대로 권력을 휘둘렀지요. 사치를 좋아한 이들은 남의 밭과 집은 물론이고, 자녀도 함부로 빼앗아 취했습니다. 심지어 그들의 자식들도 똑같이 못된 짓을 저질러 백성들의 원성이 높았지요.

　이러한 소문이 고국천왕에게까지 전해졌습니다. 왕은 더 이상 두고 볼 수 없어 그들을 잡아 죽이려고 했지요. 하지만 좌가려 등이 연나부의 네 개 집안과 힘을 합쳐 왕에 대항해 반란을 일으켰습니다.

나당연 변호사　반란은 어떻게 진행되었습니까?

무당　좌가려 등이 무리를 모아 왕이 머무는 도성까지 쳐들어왔습니다. 그러나 왕께서는 수도 주변의 군사와 말을 동원하여 이들을 제압했습니다.

나당연 변호사　그렇다면 반란이 일어난 후에 우씨 왕후가 입게 된 피해는 없었습니까?

무당　우씨 왕후가 직접 개입한 것은 아니었지만, 반란이 실패로 끝나자 연나부는 큰 피해를 입었습니다. 때문에 연나부를 배경으로

힘을 키운 우씨 왕후의 정치적 영향력 또한 완전히 사라진 것이나 마찬가지였지요. 이 사건으로 고국천왕은 더 이상 연나부의 눈치를 보지 않아도 되었고, 우씨 왕후의 부탁도 거절할 수 있었습니다. 이후 우씨 왕후는 6년간이나 힘없고 외로운 왕후로 조용히 살았지요. 그나마 명맥을 유지하던 연나부 세력 덕분에 왕후 자리에서 쫓겨나지 않은 것이 다행일 정도였습니다.

나당연 변호사 아무리 우씨 왕후가 반란 세력과 관련이 있다고 해도, 한 나라의 왕후가 하루아침에 권력을 잃었다는 것은 선뜻 이해하기 어렵군요.

무당 단지 그 때문만은 아닙니다. 그때까지 그녀에게 자식이 없었다는 것도 중요한 이유가 되었습니다. 우씨 왕후는 평생 자식을 낳지 못한 여인이었지요. 반란 이후 고국천왕은 왕후를 거의 찾지 않았습니다.

나당연 변호사 음, 그러니까 우씨 왕후는 고국천왕이 죽을 무렵에는 권력도 잃고 왕의 사랑도 잃어버린 가련한 여인이었단 말이군요. 그 때문에 해서는 안 될 일을 꾸민 것이고요. 그럼 증인께 다시 묻겠습니다. 고국천왕이 살아 있었을 때, 고구려 사람들은 왕위를 계승할 서열 제1순위인 발기 왕자를 어떻게 대하였습니까?

무당 고국천왕께서 연나부의 반란을 제압하면서 권력은 왕실에 집중될 수 있었습니다. 그렇지만 고국천왕에게는 자식이 없었고, 본인 또한 건강이 좋지 않았어요. 따라서 고국천왕의 바로 아래 동생인 발기 왕자는 고구려 사람들의 큰 관심을 받고 있었습니다. 아무래도

왜 고구려 우씨 왕후는 두 번 왕후가 되었을까?

다음 왕이 될 것이 유력하니까 진작부터 잘 보이기 위해 시시하는 세력도 많았고요. 특히 고구려 5부 가운데 히니인 소노부에서 발기 왕자를 적극적으로 지지했습니다.

나당연 변호사　　그러니까 고구려 사람들은 발기 왕자가 왕위에 오르는 것이 자연스럽고 당연한 일이라고 생각했군요.

무당　　당연하다기보다는 다음 왕위에 오를 가능성이 가장 큰 분이라고 생각했지요.

나당연 변호사　　그렇다면 발기 왕자가 임금이 되지 못하는 것은 정상적이지 못한 일이며, 더 나아가 잘못된 일이라고 생각한 고구려 사람도 많았겠군요.

무당　　그건, 뭐랄까…….

오자유 변호사　　판사님, 이의 있습니다. 원고 측 변호인은 증인을 유도 신문하여, 원고 측에 유리한 증언을 하도록 강요하고 있습니다. 이것은 제지해야 옳다고 봅니다.

판사　　인정합니다. 증인은 원고 측 변호인의 질문에 굳이 답하지 않으셔도 좋습니다. 원고 측 변호인은 더 신문할 것이 있습니까?

나당연 변호사　　없습니다. 이상으로 증인 신문을 마치겠습니다.

5부

고구려는 왕을 배출한 계루부를 비롯해 소노부, 연나부, 관나부, 환나부 등 다섯 부족이 큰 세력을 갖고 있었습니다. 이 다섯 부족의 부족장들이 모인 회의체인 제가 회의는 왕을 견제할 만큼 큰 힘을 가졌지요.

소노부

고구려 초기에는 소노부에서 왕족이 나왔습니다. 그러나 태조왕 때에 계루부에 주도권을 빼앗겼지요.

2

왜 우씨 왕후는
발기 왕자를 찾아갔을까?

오자유 변호사　　판사님, 이제 제가 증인에게 질문해도 되겠습니까?

판사　　좋습니다. 피고 측, 증인 신문 하세요.

오자유 변호사　　증인은 고구려 궁중의 상황을 훤히 알고 계시니, 우씨 왕후의 생활도 잘 아실 것입니다. 좌가려의 반란이 실패로 끝난 후, 고구려의 정치권은 어떻게 바뀌었습니까?

무당　　▶반란을 진압하여 권력이 강해진 고국천왕은 이참에 정치를 완전히 개혁하고자 하였습니다. 그래서 연나부를 제외한 4부에서 인재를 추천받았는데, 이때 **안류**와 을파소를 등용했지요. 이들은 기존 귀족들을 견제하는 역할을 했는데, 특히 을파소는 고구려 최고의 **국상(國相)**으로 널리 알려진 훌륭한 신하입니다. 고국천왕은 고구려의 여러 귀족 세력을 억누르고, 을파소에게 정치를 맡겨 **진대법**을

실시하는 등 고구려의 정치를 크게 개혁했지요.

오자유 변호사　그렇다면 197년 5월, 고국천왕이 죽기 식 전에는 어떤 세력이 가장 강한 권력을 갖고 있었습니까?

무당　을파소가 신하들 가운데 서열 1위인 국상이었지 만, 고국천왕의 지지에 의한 권력이었기에 큰 힘을 가졌 다고 볼 수는 없습니다. 아무래도 왕위 계승 서열 1위인 발 기 왕자와 그를 지지하는 소노부의 세력이 컸다고 할 수 있지요.

오자유 변호사　그렇다면 연나부는 어떠했습니까?

무당　연나부는 권력에서 완전히 소외되어 있었습니다. 우씨 왕후를 찾는 분들이 거의 없었지요. 그래서 우씨 왕 후는 종종 나를 불러 자신의 처지를 한탄하기도 했어요. 특히 고국천왕이 죽고 발기 왕자가 왕위에 오르면 연나부 는 몰락의 길을 걷고 자식 하나 없는 자신은 궁에서 쫓겨 날 것이라며 크게 걱정했습니다.

오자유 변호사　우씨 왕후는 자신과 연나부의 불안한 미 래를 걱정해서, 고국천왕이 죽은 이후를 대비했던 거군요.

무당　그렇다고 볼 수 있지요.

오자유 변호사　좋습니다. 이상으로 증인 신문을 마치겠 습니다.

판사　증인의 증언을 통해 원고와 피고가 살았던 당시의 상황이 좀 더 분명히 드러났군요. 증인은 수고하셨습니다.

안류

고구려 때의 관리로 어비류와 좌가려의 반란을 진압한 고국 천왕이 새로운 인재 등용 정책 을 추진할 때 고구려 4부(部)가 함께 동부의 안류를 천거하였지 요. 그러나 안류는 국정을 맡아 달라는 고국천왕의 제안을 정중 히 사양하고 대신 을파소를 천 거하여 등용하게 하였답니다.

국상

오늘날의 국무총리, 수상과 같 이 신하들 가운데 최고의 직위 를 말합니다.

진대법

농민들이 굶주리기 쉬운 봄철에 나라에서 곡식을 빌려 주고, 농 민들이 가을철에 곡식을 수확한 후에 되갚도록 한 법입니다. 진 대법의 실시는 농민들에게 큰 도움이 되었지요.

교과서에는

▶ 고국천왕 때에는 왕권이 강화되고 고구려의 중앙 집 권화가 촉진되었습니다. 대 표적인 예로 고구려 초기 부 족적인 성격을 지녔던 5부 는 행정적인 성격의 5부로 개편되었습니다.

오자유 변호사 존경하는 판사님, 저는 방금 전에 증인의 증언을 통해서 한 가지 중요한 사실을 깨달았습니다. '권력이란 것은 누구나 가질 수만 있다면 갖고 싶어 한다'는 아주 평범한 진리를 말입니다. 원고 측은 피고인 우씨 왕후가 권력에 욕심을 냈기 때문에 발기 왕자가 가져야 할 권력을 빼앗았다고 말하지만, 조금 전 증인이 증언했듯이, 발기 왕자 역시 권력을 갖기 위해 소노부의 지지를 받았습니다. 소노부가 발기 왕자를 지지한 것도 권력을 갖기 위한 욕심이었고요. 심지어 고국천왕도 자신에게 귀족들이 대항하지 못하도록 을파소를 내세웠지요. 그렇다면 우씨 왕후가 권력에 욕심을 냈다고 해서, 피고 우씨 왕후만 비난받을 이유는 없다고 봅니다. 모두가 권력을 갖기 위해 나름의 방법을 썼으니 말입니다.

판사 원고 측이 지적한 것은 권력을 가지고 싶어 하면 안 된다는 것이 아니라, 피고 우씨 왕후가 권력에 욕심을 냄으로써 원고 측이 직접적인 피해를 입었다는 것입니다.

오자유 변호사 네, 그렇습니다. 하지만 권력이란 쉽게 나누어 가질 수 있는 것이 아닙니다. 원고 측은 자신들이 가져야 할 권력을 우씨 왕후가 가로챘다고 하지만, 원고인 발기 왕자가 왕위에 올랐다면 피고인 우씨 왕후 역시 많은 피해를 입었을 것입니다. 연나부의 몰락과 함께 우씨 왕후는 왕후 자리에서 쫓겨나거나, 그렇지 않으면 아무 힘도 없이 궁궐에 갇혀 기나긴 세월을 외롭게 살아야 했을 것입니다.

판사 그러니까 피고는 자신에게 올 것이라 예상되는 나쁜 일을 막으려고 미리 조치를 취했다는 말인가요?

오자유 변호사　그렇습니다, 판사님. 이 점은 판결에 펼히 반영되어야 할 것입니다.

판사　좀 더 이야기를 듣고 판단해도 늦지 않겠지요. 피고의 이야기를 직접 듣고 싶군요. 피고는 앞으로 나와서 자신의 입장을 진술해 주세요.

우씨 왕후　오늘 내가 피고가 된 것이 몹시 불쾌합니다. 발기 왕자가 나에게 소송을 제기한 심정은 이해하지만, 발기 왕자는 나와의 승부에서 패했습니다. 승부에서 졌으면 패배를 깨끗하게 인정하고, 자신이 왜 패했는지 반성해야 하는 것 아닙니까? 그럼에도 쫀쫀하게 이렇게 뒤통수나 치고! 역시 발기 왕자는 왕이 될 그릇이 못 되는 인물이군요.

발기 왕자　뭐? 나더러 쫀쫀하다고? 이런 사기꾼이!

우씨 왕후　사기꾼이라고요? 흥. 나는 연우 왕자에게 제안을 하기 전, 먼저 발기 왕자 당신을 찾아갔었어요. 그런데 당신은 나를 차갑게 대했지요. 그날 밤에 만약 당신이 내 제안을 받아들이기만 했어도, 그날 나에게 그런 모욕감을 느끼게 하지 않았어도 영혼이 되어서 이렇게 만나는 일은 없었을 거예요. 당신이 왕이 되지 못한 것은 당신 잘못이라고요.

발기 왕자　그럼 왕후가 밤에 몰래 시동생을 찾아온 것이 올바른 행동이란 말이오?

판사　자자, 두 분 모두 진정하세요. 피고는 지금 발기 왕자를 찾아가 제안을 했다는데, 어떤 내용인지 말씀해 주실까요?

우씨 왕후　　고국천왕이 죽던 날 밤, 나는 결단을 내려야 했습니다. 아들이 있으면 후에 그가 왕이 됐을 때 태후가 되어 산다지만, 아시다시피 나는 자식을 낳지 못했습니다. 고국천왕이 죽고 나면 나는 누구 하나 의지할 데 없는 가련한 여인이 될 처지였지요. 그뿐만 아니라 나의 아버지와 친척들, 연나부까지 모두 몰락하고 말았을 것입니다. 발기 왕자가 임금이 되고 나면, 연나부 **명림답부** 국상이 신대왕을 섬기게 된 165년부터 좌가려의 반란이 실패한 191년까지 연나부에 눌려 지냈던 소노부가 연나부를 그냥 놔두지 않을 것이 분명했습니다.

판사　　아까 증인으로 나온 무당도 잠깐 언급했지만, 발기 왕자와 소노부의 관계는 어떠했습니까?

우씨 왕후　　발기 왕자와 소노부는 몹시 밀접한 관계였습니다. 소노부는 발기 왕자가 왕위에 오르면 자신들이 권력을 잡으려고 했다가 발기 왕자가 왕이 되지 못하자 병사를 동원해 궁성을 공격했지요. 비록 공격은 실패했지만, 나중에 발기 왕자가 후한의 요동 태수 공손도에게 붙어 버렸을 때도 소노부는 행동을 함께했습니다. 소노부의 병사들이 후한 군대와 함께 다시 고구려를 공격하기도 했고요. 한마디로 소노부는 발기 왕자를 왕으로 만들기 위해 전력을 다했습니다.

판사　　그렇다면 피고는 소노부를 견제하고, 연나부를 위해 행동했겠군요.

우씨 왕후　　그렇습니다. 나는 고국천왕이 죽은 그날 밤, 제일 먼저 발기 왕자를 찾아갔습니다. 그런데 발기 왕자는 나를 본 척도 안 하더군요. 심지어 결혼한 여자의 몸으로 밤에 나다니는 것은 예의 없는 행동이라며 모욕을 주었습니다. 그래서 나는 연우 왕자를 찾아갈 수밖에 없었습니다.

발기 왕자　　아닙니다, 판사님. 우씨 왕후는 형님인 고국천왕이 돌아가신 날 밤, 왕이 죽은 사실은 숨기고 "임금이 후손이 없으니 그대가 왕위를 계승하시오"라는 말만 했습니다. 그 말은 내가 왕이 되면 연나부와 자신을 잘 봐달라는 뜻이었지요. 이미 다 차려진 밥상에 뒤늦게 숟가락 하나만 얹어 놓으려는 심보였어요. 또 그녀의 말을 잘

차대왕

태조 대왕의 친동생으로, 서기 146년부터 165년까지 고구려를 다스렸습니다. 태조왕 시기에 후한과의 전쟁에서 직접 군대를 이끌고 여러 차례 큰 승리를 거두어 권력이 강해졌고, 그 덕에 태조왕으로부터 왕위를 물려받을 수 있었지요. 하지만 자신을 반대하는 신하들을 마구 죽였고, 조카인 태조 대왕의 자식들마저 죽여 폭군으로 불렸습니다.

못 들으면, 아직 형님이 죽기 전에 내가 임금이 되겠다고 나서란 말이니, 나보고 반역을 꾀하라는 말처럼 들리기도 했고요. 뭔가 음흉한 계략이 담긴 말이라고 생각하지 않을 수 없었습니다. 어차피 형님이 돌아가시면 형님의 바로 아래 동생인 내가 왕위를 계승하는 것은 너무도 당연한 일이거늘, 어찌 그녀의 말에 동의할 수가 있겠습니까?

판사   그런데 동생이 임금이 되겠다고 먼저 말하는 것이 어째서 반역으로 몰리게 되는 겁니까?

발기 왕자   옛 이야기를 하나 들려드리지요. 고구려 6대 태조왕은 나이가 엄청 드셨는데도 돌아가시지 않았소. 그러자 동생인 수성 왕자는 임금이 되려고 세력을 모았지요. 여러 신하들이 수성 왕자를 임금으로 모시려고 하자, 한 신하가 이에 반대하다 살해되었소. 결국 수성 왕자가 7대 **차대왕**이 되기는 했지만, 차대왕은 폭군으로 몰려 쫓겨났지요. 그 이후 고구려에서는 아무리 다음 왕위를 계승할 것이 당연한 왕자라고 하더라도, 임금이 살아 있을 때에는 함부로 임금 자리를 넘봐서는 안 되었지요.

판사   그렇군요. 그런 사례가 또 있습니까?

발기 왕자   내 손자뻘 되는 12대 중천왕도 자기 동생인 예물과 사구가 임금 자리를 넘보는 것을 알고 죽였지요. 중천왕의 아들인 서천왕도 동생들인 일우와 소발을 반란 혐의로 죽였고요. 서천왕의 아들 봉상왕도 동생인 돌고를 죽였소이다.

이처럼 왕의 친동생은 다음 왕위를 계승할 유력한 후보자이기는 해도, 왕이 되기 전까지는 언제 반란 혐의를 받아 죽을지 모르는 매우 불안한 처지였소.

그런 만큼 나는 형수의 제안을 받고, "세상이 돌아가는 이치가 있거늘, 왕위 계승 문제는 가볍게 논할 문제가 아닙니다. 게다가 한밤중에 왕후가 나를 찾아오는 것은 예의가 아니니 돌아가세요"라고 거절을 분명히 했던 겁니다.

고구려의 명재상, 을파소

을파소는 고구려 고국천왕과 산상왕 때의 국상입니다. 고국천왕은 우씨 왕후가 속한 연나부의 어비류와 좌가려의 반란을 제압한 후, 새로운 인물을 뽑아 정치를 해야겠다고 생각했습니다. 그래서 벼슬을 하지 않고 은둔 생활을 하는 현명한 자들을 왕실로 불러들였지요. 시골에서 농사를 지으며 살던 을파소도 안류의 천거로 왕의 부름을 받고 왕실로 올라왔습니다.

고국천왕은 처음에 을파소를 중외대부로 임명하려고 했어요. 하지만 중외대부라는 관직은 큰일을 하기에는 부족했기 때문에 을파소가 이를 거절했어요. 을파소는 귀족들을 제압할 높은 관직이 있어야 나라를 변화시킬 수 있다고 생각했습니다. 그러자 왕은 을파소를 국상에 임명했답니다.

국상은 왕 다음으로 높은 직책이지요. 그리고 왕은 을파소에게 힘을 실어주기 위해 "만약 국상에게 복종하지 않으면 일족을 멸할 것이다"라는 명령을 내렸습니다. 이제 귀족들은 더 이상 을파소를 무시하지 못했어요. 왕의 큰 신임을 받은 을파소는 이후 잘못된 정치를 바로잡고 백성들을 돌보며 고구려를 더욱 부강한 나라로 만들었답니다.

3

우씨 왕후의 선택은
올바른 것이었을까?

판사   자, 다시 피고에게 묻겠습니다. 피고는 발기 왕자를 찾아간 후에 연우 왕자도 찾아갔다고 했는데요. 그날 밤 연우 왕자와는 어떤 일이 있었습니까?

우씨 왕후   연우 왕자는 발기 왕자와 달랐어요. 발기 왕자는 어질지 못하고 나를 사납게 대했지만 연우 왕자는 나를 반갑게 맞이해 주었습니다. 의관을 갖추고 문을 직접 열어 주었으며, 나를 위해 술과 음식도 내놓았지요.

나당연 변호사   그래요? 두 사람이 술을 마시면서 흉계를 꾸민 게로군요.

판사   원고 측 변호인, 흉계라니요. 피고의 행위를 섣불리 비난해서는 안 됩니다. 차분하게 피고의 말을 들으세요.

「삼국사기」
고려 시대에 김부식이 편찬한 삼국에 대한 역사책입니다. 지금까지 전해지는 가장 오래된 역사책이지요.

성리학
중국의 주희가 완성한 유학의 한 종류입니다. 우리나라에는 고려 말기에 들어와 조선 시대의 통치 이념이 되었습니다.

우씨 왕후　　원고 측 변호인이 나를 보는 시선에는 이제 익숙해졌습니다. 판사님, 『삼국사기』를 쓴 고려의 김부식은 유학자였지만 나를 비난하지 않았습니다. 그런데 조선 시대에 와서 **성리학**이란 명분에 빠진 자들이 나를 비난하더군요. 그들은 역사공화국에 와서도 한동안 나를 비난하는 문서를 만들고 방을 붙이고 법석을 떨었습니다.

판사　　그들이 뭐라고 비난했습니까?

우씨 왕후　　차마 입에 담을 수 없는 내용이 많았습니다. 그때 나는 너무 억울했기 때문에, 남성들의 비뚤어진 시각을 고치려고 이곳, 영혼 세계에 와서도 남녀평등위원회에서 활동하고 있습니다.

판사　　하긴, 듣고 싶지 않은 말뿐이었겠군요. 알겠습니다. 그럼 연우 왕자와 만난 이야기를 계속해 주시지요.

우씨 왕후　　그날 밤, 나는 승부를 걸어야 했습니다. 만약 고국천왕이 죽은 후에 바로 행동에 나서지 않았다면 우리 연나부는 급격히 몰락하고 말았을 것입니다. 나는 의지할 자식이 없었습니다. 그때 난 아직 젊은 나이였고, 미모도 간직하고 있었습니다. 앞으로 살아갈 날이 많던 내가 남편을 먼저 보내고 과부가 된다면 내 인생은 어찌 되었을까요? 힘없는 과부는 궁에서 쫓겨나 외롭게 살 수밖에 없었을 것입니다. 그래서 연우 왕자에게 제안을 했지요.

판사　　방청석에 산상왕이 계시는군요. 그런 만큼 사실대로 정확히 말씀해 주세요.

우씨 왕후　　물론입니다. 거짓말할 이유가 없지요. 나는 연우 왕자

에게 "대왕이 돌아가고 아들이 없으니, 발기 왕자가 마땅
히 임금이 되어야 할 것입니다. 그러니 이 말을 들은 발기
왕자는 도리어 나에게 딴마음이 있다고 생각하고, 형수이
자 왕후인 내게 무례하고 오만하게 행동했습니다. 그래서 연우 왕자
를 만나러 온 것입니다"라고 말했지요.

판사 이를 들은 연우 왕자는 무엇이라 말했나요?

우씨 왕후 연우 왕자는 내 뜻을 바로 알아차렸습니다. 그래서 친
히 칼로 고기를 베어 내게 주려다 손가락을 다치기까지 했지요. 그
래서 내가 허리띠를 풀어 손가락을 싸매 주었고요. 궁으로 돌아가기
전에 나는 "밤이 깊어 뜻하지 않은 일이 생길까 염려되니, 그대가 나
를 궁궐까지 데려다 주시기 바랍니다"라고 부탁드렸습니다.

나당연 변호사 그날 밤, 연우 왕자와 함께 발기 왕자를 몰아낼 음
모를 꾸민 것이 아니고요?

우씨 왕후 음모라⋯⋯, 아무튼 나는 날이 샐 무렵, 여러 신하들을
궁으로 불러 모았어요. 그리고 말했지요. "대왕께서 돌아가시기 전,
유언을 남기셨습니다. 다음 임금은 어질고 현명한 둘째 동생인 연우
가 이어받으라"고 말입니다. 그러자 신하들도 연우 왕자를 임금으로
받드는 데 뜻을 함께했습니다.

나당연 변호사 보십시오, 판사님! 우씨 왕후는 그날 임금의 유언을
거짓말로 **조작**한 것입니다.

우씨 왕후 네, 조작했습니다. 그래요, 나는 거짓말을 했어요. 하지
만 정치를 하다 보면 거짓말을 해야 하는 경우도 있기 마련입니다.

문제는 그다음이 아닐까요? 신하들은 모두 어질지 못한 발기 왕자보다는 어질고 너그러운 연우 왕자를 임금으로 받드는 것을 좋아했어요.

나당연 변호사　아니지요. 입은 삐뚤어졌어도 말은 바로 합시다. 그것은 신하들이 고국천왕의 유언이라는 피고의 거짓말에 속았기 때문입니다.

판사　원고 측 변호인은 자꾸 피고의 발언에 끼어들지 마시기 바랍니다.

우씨 왕후　거짓말에 속았기 때문이라. 그래요, 그럴 수도 있지요. 하지만 대부분의 신하들은 그것이 거짓말이라고 해도 차라리 속고 싶었을 거예요. 신하들이 발기 왕자가 아닌 연우 왕자를 임금으로 받든 것은 발기 왕자가 그만큼 인기가 없었기 때문입니다. 그러므로 발기 왕자가 임금 자리를 빼앗긴 것은 내 거짓말 때문이라기보다 그 자신에게 문제가 있었기 때문이라고 생각해요.

오자유 변호사　판사님, 피고의 말이 맞습니다. 우씨 왕후의 행동은 고구려 사람들에게 아무런 문제가 되지 않았습니다. 이를 뒷받침하는 예를 하나 들어 볼까요? 고구려 최고의 국상으로 불리는 을파소는 그때 어떤 행동을 했을까요? 그는 연나부와는 아무런 인연도 없는 사람입니다. 그런데 그는 발기 왕자를 지지하지 않았습니다. 현명한 자로 소문난 을파소는 연우 왕자가 임금이 되는 것을 지지했고, 연우 왕자가 산상왕이 된 다음에 죽을 때까지 나라를 위해 국상으로서 일했습니다. 이처럼 을파소의 처신을 볼 때 우씨 왕후의 행

동은 많은 신하로부터 좋은 평가를 받았다고 할 수 있습니다.

　을파소가 우씨 왕후의 행동에 반대하지 않았다는 오자유 변호사의 이야기에 방청석이 술렁였다.

　"을파소가 발기 왕자를 반대하고 연우 왕자가 임금이 되는 것을 지지했다면, 우씨 왕후의 행동이 꼭 나쁜 건 아니라는 얘기잖아?"

　"그러게 말이야. 발기 왕자가 임금이 되지 못한 것은 확실히 발기 왕자에게 문제가 있었기 때문일 거야."

방청석이 술렁이자, 나당연 변호사의 얼굴에는 긴장한 빛이 역력했다.

판사　자, 벌써 시간이 많이 흘렀습니다. 원고와 피고, 양측 변호사 모두 수고하셨습니다. 오늘 재판은 여기서 마무리하겠습니다. 오늘은 원고 측에서 소송을 낸 원인과 고국천왕이 죽은 후, 우씨 왕후가 두 왕자를 찾아간 것에 대해 이야기해 보았습니다. 오늘 풀지 못한 문제는 다음 주에 열리는 공판에서 다시 심의하도록 하겠습니다. 그럼 첫 번째 공판은 이것으로 마치겠습니다.

　　땅, 땅, 땅!

연우 왕자는 우씨 왕후에게
어떤 음식을 대접했을까?

우씨 왕후는 연우 왕자가 칼로 고기를 썰어 자신을 대접했다고 말했습니다. 고구려 사람들은 사냥을 통해 얻은 멧돼지, 사슴, 토끼, 꿩을 비롯해 소, 돼지, 양 등의 다양한 고기를 먹었습니다. 특히 불고기의 원조라고 생각되는 '맥적'이라는 고기구이는 외국에도 알려진 고구려의 유명한 요리였습니다. 멧돼지 혹은 사슴 등의 고기에 된장, 마늘 등으로 양념한 맥적 요리가 아마도 연우 왕자가 우씨 왕후에게 주려고 했던 요리라고 생각됩니다.

고구려 시대에는 고추가 없었기 때문에 매운 김치는 없었지만, 소금에 배추, 아욱 등을 절여서 만든 절임 채소인 '딤채'를 먹었습니다. 딤채는 오늘날 김치의 조상이라고 할 수 있습니다.

콩의 원산지가 고구려였던 만큼, 된장이 발달해 된장국도 먹었을 것입니다. 일반 서민들은 주로 조, 수수, 기장, 보리 등의 곡식을 먹었지만, 왕과 귀족들은 조와 함께 고급 곡물인 쌀도 먹었습니다.

고구려 사람들은 술을 잘 빚는 것으로도 유명했는데 곡아주, 계명주 등의 술이 있었다고 합니다. 동맹 행사 때 사람들이 밤을 새워 술을 마셨다는 이야기도 전해 내려오지요. 이처럼 술은 고구려 사람들의 일상생활에 꼭 필요한 음식이었습니다. 연우 왕자도 우씨 왕후에게 좋은 술을 대접했을 것입니다.

다알지 기자

시청자 여러분, 안녕하십니까? 언제나 발 빠르게 핫한 소식을 전하는 역사공화국 법정 뉴스에 다알지 기자입니다. 요즘 역사공화국에서 단연 최고의 뉴스거리로 손꼽히는 발기 왕자와 우씨 왕후의 소송, 그 첫 번째 공판이 지금 막 끝났습니다. 오늘은 고국천왕 시절의 상황과 고국천왕이 사망한 후 우씨 왕후가 발기 왕자와 연우 왕자를 찾아갔던 일이 공판의 주요 내용이었지요. 그럼, 오늘의 주인공인 원고 발기 왕자와 피고 우씨 왕후를 만나 첫 공판을 끝낸 소감을 들어 보도록 하겠습니다.

우선 왕위를 찬탈 당한 억울함을 호소하신 발기 왕자께서 한 말씀해 주세요. 그다음, 오늘 연우 왕자를 다음 왕이자 남편으로 선택하고 이를 위해 고국천왕의 유언을 조작했다고 솔직하게 증언해 법정을 소란하게 만든 우씨 왕후께서는 그 일을 후회한 적은 없으신가요? 말씀해 주세요.

발기 왕자

　오늘 나는 재판정에서 내가 정당한 왕위 계승
자임을 거듭 밝혔습니다. 고국천왕 형님 바로 아래
동생인 내가 다음 왕이 되는 것은 너무나 당연한 일이
었지요. 그래서 난 아무런 경계도 방비도 하지 않았지요. 반면에 피고
는 형님이 돌아가실 때 연우 왕자가 다음 왕위를 이어받으라는 유언을
남겼다고 거짓말을 한 것이고요. 피고가 거짓말로 나의 정당한 권리를
빼앗았으니, 법원이 올바르게만 판단한다면 당연히 나의 손을 들어 줄
것이라고 생각합니다.

우씨 왕후

　　단 한 번도 후회한 적 없습니다. 내가 고국
천왕의 유언을 조작한 것은 사실이지만 그것은
나 하나만을 위한 일이 아니었습니다. 나는 나 자신
과 우리 연나부를 위해 고국천왕의 죽음 이후를 대비해야만 했습니다.
그리고 다시금 밝히는 것이지만 발기 왕자가 다음 왕이 되지 못한 것
이 단지 나 때문만은 아닙니다. 현명하기로 소문난 재상인 을파소가
연우 왕자의 왕위 계승을 반대하지 않은 것을 보면, 발기 왕자보다 연
우 왕자가 더 왕에 적합한 인물이었음을 알 수 있지요. 무엇보다도 연
우 왕자가 왕위에 올라 선정을 펼친 점에서도, 난 내 선택이 탁월했다
고 믿습니다.

고구려 사람들의 철기 유물은
무엇이 있을까요?

창고달

고구려는 잦은 전쟁을 치룬 나라였습니다. 고구려 사람들이 말 타기와 무예에 능했던 것은 전쟁에서 승리하기 위해 스스로를 단련시켜야 했기 때문입니다. 그런 까닭에 다양한 무기도 만들 어졌는데, 창은 칼이나 활보다 더 많이 사용된 무기입니다. 사진 속에 보이는 창고달은 나무로 된 창 자루 끝에 붙이는 철제 부분 입니다.

도끼

철기 문화를 꽃피웠던 고구려였던 만큼 고구려 군사력의 주요한 바탕은 우수한 제철 기술로 만든 강력한 무기에 있었습니다. 이 중 공격용 무기에는 활, 창, 칼, 도끼 등이 있었지요. 사진에 보이는 유물은 도끼로 적을 공격할 때 사용하던 것으로 보입니다. 도끼 자루는 마모되거나 사라져 보이지 않고 도끼날만 남아 있는 모습입니다. 양쪽 날을 다 쓸 수 있게 만들어졌군요.

투구

고구려가 여러 주변 부족이나 중국과 잦은 전쟁을 하면서도 굴하지 않고 세력을 확장할 수 있었던 것은 '철갑기병'이라 불리는 강력한 군대가 있었기 때문입니다. 그런 점에서 대표적인 백제와의 투쟁 지역인 아차산에서 발견된 투구는 큰 의미가 있다고 할 수 있습니다. 투구는 예전에 군인들이 전투를 할 때 적의 화살이나 칼로부터 머리를 보호하기 위해 머리에 썼던 방어용 무기입니다. 갑옷과 함께 군인을 보호하는 일등공신이었지요.

말갖춤

이웃 나라들이 고구려를 두려워한 것은 고구려에 강력한 기마병이 있었기 때문입니다. 기마병은 말을 탄 병사를 일컫는 말로, 당시 고구려 기마병들은 말을 타고 조정하는 데 말 재갈, 재갈멈추개를 사용하였고, 말의 등에 오르내릴 때 등자를 이용하였지요. 특히 등자라는 것은 말을 탄 사람이 말을 타고 앉아 두 발로 디디게 되어 있는 물건을 말하는 것으로, 등자를 사용하면 말을 타면서도 활을 사용할 수 있는 것이 장점이었습니다. 이렇게 말을 부리는 데 사용되는 도구를 '말갖춤'이라고 한답니다.

출처: 고구려 대장간마을(www.goguryeotown.co.kr), 서울대학교 박물관

왕을 선택한 것이 왜 죄가 될까?

1. 발기 왕자가 꼭 왕이 되어야 했을까?
2. 왜 발기 왕자는 반란을 일으켰을까?
3. 우씨 왕후는 여성의 적이었을까?

발기 왕자가 꼭
왕이 되어야 했을까?

판사　　자, 2차 공판을 시작하겠습니다. 지난 공판을 정리하다 보니 의문이 드는 점이 있더군요. 그래서 원고 측에 질문을 하나 드리고 싶은데요. 원고 측에서는 고국천왕이 죽은 후, 꼭 첫째 동생인 발기 왕자가 다음 왕이 되었어야 한다고 일관되게 주장했습니다. 그런데 왕이 될 인물이 꼭 발기 왕자여야 했습니까? 다른 인물이 왕이 되어서는 안 되었나요?

나당연 변호사　　고구려 시대에는 임금이 죽으면 형제가 왕위를 계승하는 것이 당연했습니다. 물론 자식이 있다면 큰아들이 왕위를 이어야 했지만, 고국천왕에게는 자식이 없었습니다. 따라서 고국천왕의 바로 아래 동생인 발기 왕자가 왕위를 계승하는 것이 당연했지요. 고구려에서는 형제가 왕위를 계승한 사례가 많았는데 고구려 3대 임금인 대무신왕이 죽었을 때, 그의 아들이 어렸기 때문에 동생이 왕위에 올라 4대 민중왕이 된 바 있습니다. 또 고구려 17대 소수림왕이 죽었을 때에는 동생이 왕위에 올라 고국양왕이 되었습니다. 23대 안원왕도 형인 안장왕의 뒤를 이어 왕이 되었고, 27대 영류왕도 형인 영양왕의 뒤를 이어 왕위에 올랐습니다. 이처럼 고구려에서 형제간에 왕위를 계승한 것은 흔한 일이었습니다.

오자유 변호사　판사님, 그렇지 않습니다. 원고 측 변호인이 뭔가 크게 착각하고 있는 것입니다. 왕위란 결국 왕의 가족들이 계승하는 것이 일반적이지요. 하지만 반드시 장남이나 바로 밑에 동생이 왕위에 올라야 한다는 법은 없었습니다.

　▶조선의 3대 임금인 태종 이방원은 태조 이성계의 다섯째 아들로, 둘째 형인 정종의 뒤를 이어 왕위에 올랐지요. 특히 넷째 형인 방간과의 왕위 다툼에서 승리한 것은 널리 알려진 사실입니다. 또 9대 성종의 경우도 형인 월산 대군을 제치고 왕으로 선택되었습니다. 15대 광해군, 26대 고종 모두 차남으로서 형들을 제치고 왕위에 올랐습니다.

판사　그런데 그것은 조선 시대 이야기이고, 고구려 시대에도 과연 그러했는지가 중요하지요.

오자유 변호사　형보다 동생이 뛰어난 경우, 동생이 왕위에 오르는 일은 전 세계적으로 매우 흔한 일입니다. 고구려도 마찬가지였습니다. 12대 서천왕도 둘째 아들이었는데 왕위에 올랐어요. 따라서 반드시 바로 아래 동생만 왕

교과서에는

▶ 조선의 태종은 태조의 아들로 그 이름은 방원입니다. 태종은 두 차례 왕자의 난을 일으켜 세자와 정도전을 제거한 후 실권을 장악했습니다. 왕위에 오른 후에는 왕권을 안정시키고 나라의 기반을 튼튼하게 세웠지요.

삼강오륜

삼강은 군위신강, 부위자강, 부위부강을 가리키는 말로, 임금과 신하, 아버지와 아들, 남편과 아내 사이에 질서가 있어야 한다는 말입니다. 오륜은 부자유친, 군신유의, 부부유별, 장유유서, 붕우유신의 다섯 가지로 아들과 아버지 사이에는 친함이, 임금과 신하 사이에는 의리가, 부부 사이에는 다름에 따른 존중이, 나이 든 사람과 어린 사람 사이에는 질서가, 친구 사이에는 믿음이 있어야 함을 의미합니다.

세속 오계

600년 무렵, 원광 법사가 자신을 찾아온 귀산과 취항 화랑에게 들려준 '화랑으로 살면서 지켜야 할 규칙'을 말합니다. 사군이충, 사친이효, 교우이신, 임전무퇴, 살생유택의 다섯 가지로 되어 있습니다.

이 될 수 있는 것은 결코 아니었습니다.

나당연 변호사　　판사님, 이의 있습니다. 한국인이면 누구나 아는 '장유유서'란 말도 있지 않습니까? 나이가 많고 적음에 따라 질서가 있어야 한다는 뜻이지요. 모든 일에 질서를 지켜야 나라가 편한 법이거늘, 동생이 형을 제치고 임금이 되는 것이 어찌 올바른 도리라 할 수 있습니까?

오자유 변호사　　판사님, 원고 측 변호인이 잘못 알고 있는 것입니다. 장유유서는 유교가 정한 것으로서, 사람들 사이에서 지켜야 할 의무이자 도덕인 **삼강오륜**의 하나입니다. 하지만 이것이 한국인인 우리에게 반드시 지켜야 할 의무로 정착된 것은 조선 시대의 일입니다. 삼국 시대에는 달랐습니다.

▶신라 시대의 **세속 오계**를 보시기 바랍니다. 나라에 충성하고 부모에 효도하고 친구 사이에 믿음이 있어야 한다는 것은 유교의 오륜과 같지만 유교에서 강조하는 '부부유별'과 '장유유서'는 없습니다. 그 대신 '임전무퇴'와 '살생유택'이 포함되어 있지요.

농사를 짓는 사람들 사이에는 풍부한 농사 경험을 가진 노인이 젊은이에게 지혜를 전해 주기 때문에 노인을 공경하는 장유유서가 절실하게 필요했습니다. 하지만 전쟁이 많았던 유목민 사회에서는 전쟁에 나가야 할 젊은이들에게 좋은 음식을 먹여야 할 필요성이 더 컸지요. 따라서 전

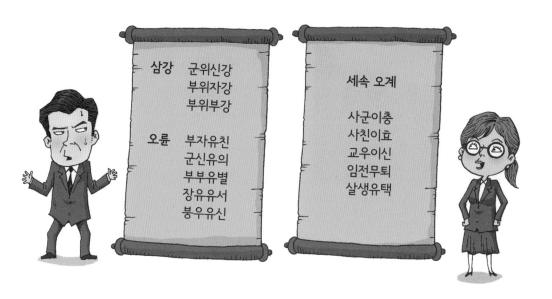

쟁이 잦은 사회에서는 나이보다 능력이 더 중요했습니다. 고구려는 능력이 있는 자를 우대하는 나라였습니다. 발기 왕자가 아닌 연우 왕자가 선택된 것은 연우 왕자의 능력이 더 뛰어났기 때문이지요.

판사   그렇다면 피고 측에서는 연우 왕자가 발기 왕자보다 더 능력이 있다는 것을 증명할 수 있습니까?

오자유 변호사   물론입니다. 중국의 역사가인 진수라는 자가 쓴 책인 『삼국지』를 보면 발기 왕자는 성품이 사납고 어질지 못해 고구려 사람들이 싫어했고, 그 때문에 왕위에서 쫓겨났다고 말했습니다. 그뿐만이 아닙니다. ▶발기 왕자가 왕이 되지 못한 데 불만을 품고, 군사를 이끌어 우씨

『삼국지』
중국의 위·촉·오 삼국에 대한 역사책입니다. 우리나라에 관한 내용도 나와서 고대사 연구에 귀중한 자료가 되지요.

교과서에는

▶ 고구려 사람들은 성을 쌓고 그 안에 살면서 외부의 침략에 맞섰습니다. 고구려의 수도는 평지성과 산성이 묶음으로 이루어져 있는데요. 평상시에는 평지성에서 생활하다가 외적이 침입하면 산성에서 항쟁했습니다.

고구려 환도 산성. 적의 공격에 대비해 축조된 성이며, 연우 왕자와 우씨 왕후도 이곳에서 발기 왕자의 공격을 막았답니다.

고구려 국내성의 성벽. 국내성은 평지에 에둘러 쌓은 평지성에 해당합니다.

왕후와 연우 왕자가 있는 궁성을 공격하였을 때, 고구려 사람들은 발기 왕자를 따르지 않았습니다. 이렇듯 발기 왕자는 백성의 사랑과 지지를 받지 못했습니다. 그런데 어찌 연우 왕자보다 능력이 있었다고 할 수 있을까요?

판사   그런 기록이 있었군요. 좋습니다. 그럼 연우 왕자는 임금이 된 후에 정치를 잘하였나요?

오자유 변호사   연우 왕자는 산상왕으로 즉위한 후 자신의 뜻에 늘 반대하던 아우 계수 왕자를 포용하는 등, 화합의 정치를 펼쳤습니다. 당시 최고의 재상이던 을파소의 도움을 받아 올바르게 정치를 했지요. 발기 왕자를 제외하고 그가 임금이 된 데 큰 불만을 가진 자는 아마 없었던 것으로 보입니다.

판사   음, 알겠습니다. 피고 측의 입장은 충분히 들었습니다. 그렇다면 원고 측에서 반론을 제기할 것 같은데요. 원고는 왜 우씨 왕후만 법정에 세우고, 연우 왕자에게는 소송을 제기하지 않았습니까?

발기 왕자   연우가 비록 나의 왕위를 빼앗기는 했지만, 어쨌든 내 동생이 아닙니까? 차마 친동생을 상대로 소송을 낼 수는 없었습니다. 그 무엇보다도 나는 우씨 왕후가 자신의 권력을 유지하기 위해 나의 착한 동생을 꼬드긴 것이라고 믿었기 때문입니다.

오자유 변호사　　판사님, 이의 있습니다. 왜 우씨 왕후만 비난을 받아야 합니까? 임금이 된 것은 연우 왕자였고, 연우 왕자는 우씨 왕후만큼이나 적극적으로 임금이 되고자 노력했던 사람입니다. 그런데 왜 우씨 왕후만 못된 여자라고 비난합니까?

왜 발기 왕자는
반란을 일으켰을까?

판사　그렇군요. 원고가 동생이라는 것 때문에 연우 왕자를 빼놓고 우씨 왕후에게만 소송을 제기한 것은 설득력이 없어 보이는군요.

오자유 변호사　그렇습니다. 원고 측은 지금 진실을 숨기고 있습니다. 원고는 왕위를 빼앗긴 다음, 후한의 요동 태수 공손도에게 "아우 연우와 형수 우씨가 모의해서 하늘의 의리를 무시하였다. 이에 내가 분하여 오지 않을 수 없었다. 군사 3만을 빌려 주면 저들을 쳐, 평정하겠다"라고 말했다고 합니다. 원고는 우씨 왕후 못지않게 동생인 연우 왕자를 비난했습니다. 그러니까 동생에 대한 우애 때문에 그에게 소송을 제기하지 않았다는 말은 믿을 수 없습니다.

나당연 변호사　오늘 소송은 우씨 왕후에 대한 소송입니다. 원고 발기 왕자는 동생에 대한 미움이 어느 정도 정리되었기 때문에 소송을 제기하지 않은 것뿐입니다.

오자유 변호사 　원고 측이 신성왕에게 소송을 제기하지 않은 진짜 이유는 따로 있습니다. ▶원고가 권력 다툼에서 패하였고, 싸움에서 진 것도 모자라 적군을 불러들여 고구려를 공격하는 반역을 저질렀기 때문입니다. 이러한 지난날의 잘못 때문에 원고 스스로가 질 것을 뻔히 알기 때문이지요. 그러므로 피고인 우씨 왕후만을 상대로 이 재판을 벌인 것은 매우 비겁한 짓입니다.

나당연 변호사 　이번 소송은 형제간의 문제가 핵심이 아닙니다. 중요한 것은 못된 형수 때문에 형제간의 우애에 금이 가고, 나라에 분란이 일어났으며 원고의 명예가 훼손당했다는 점입니다.

오자유 변호사 　원고 측에서 형제간의 우애 문제를 거론하였는데요. 그렇다면 발기 왕자와 연우 왕자 두 사람의 동생인 계수 왕자를 증인으로 불러, 과연 우씨 왕후가 형제간의 의리를 어떻게 상하게 했는지 알아보도록 하겠습니다.

판사 　좋습니다. 증인 계수 왕자는 증인석으로 나와서 증인 선서를 하십시오.

계수 왕자 　나는 오직 진실만을 말할 것을 선서합니다.

오자유 변호사 　증인은 고국천왕의 셋째 동생이지요? 그리고 왕자로서의 일뿐만 아니라 다른 일도 하셨다는데, 맞습니까?

계수 왕자 　『경국대전』에 따르면 조선 시대에는 왕실 가족이 벼슬하는 것을 금지한 것으로 보입니다만, 고구려는

교과서에는

▶ 고구려는 매우 엄격한 형법을 시행해서 사회의 기강을 유지하고 통치 질서를 잡았습니다. 반란을 일으킨 자는 화형에 처한 후 다시 목을 베었고, 반란자의 가족들은 노비가 되었습니다.

달랐습니다. 고국천왕 6년(184년)에 후한의 요동 태수 공손도가 쳐들어왔을 때, 나는 고국천왕 형님의 명을 받들어 군사를 이끌고 나가 싸운 적이 있습니다.

오자유 변호사　　그러니까 왕의 동생인 증인이 곧 군대 지휘관이기도 했다는 말씀이군요. 그럼 우씨 왕후가 고국천왕의 유언을 내세워 연우 왕자를 다음 임금으로 선언한 바로 다음 상황에 대해 묻겠습니다. 당시 증인의 둘째 형인 발기 왕자는 넷째 형인 연우 왕자가 왕위에 오르는 것에 반대하여 군사를 동원해 궁성을 포위하였지요? 그리고 연우 왕자와 우씨 왕후는 3일간이나 성문을 닫고 발기 왕자와 긴박하게 대립하였는데, 이때 증인은 어떤 입장이었습니까?

계수 왕자　　나는 우씨 왕후가 전하는 선왕의 유언을 믿을 수밖에 없었고, 연우 형을 임금으로 모셨습니다.

오자유 변호사　　발기 왕자가 궁성을 에워싸고 거듭 외치며 내건 명분이 있었는데요.

"형이 죽으면 왕위가 아우에게 돌아가는 것이 예이거늘, 연우는 순서를 뛰어 왕위를 빼앗았으니 그 죄악이 크며, 반역이다. 속히 나오너라. 그렇지 않으면 처자에게까지 죽음이 미치리라."

이런 이야기를 들었을 때 증인의 마음은 흔들리지 않았습니까?

계수 왕자　　발기 형이 임금이 되지 못한 것을 안타깝게 여기기는 했지만, 그렇다고 발기 형이 반드시 임금이 되어야 한다고 생각하지는 않았습니다. 왕위라는 것이 반드시 순서에 의해 결정되는 것만은 아니었으니까요. 당시 궁성 안에 있던 사람들 가운데 발기 형의 말에 동의하는 사람은 거의 없었던 것으로 압니다.

오자유 변호사   그럼 원고가 싸움에서 패하고, 후한의 요동 태수로부터 3만의 군사를 빌려 고구려로 쳐들어왔을 때, 증인은 어떻게 했습니까?

계수 왕자   나는 연우 형, 그러니까 산상왕의 명을 받들어 반란군과 적군을 막기 위해 군사를 이끌고 나가 맞서 싸워서 적을 크게 물리쳤지요. 그리고 발기 형을 추격했습니다.

오자유 변호사   그렇다면 발기 왕자를 전쟁터에서 적으로 만났을 때는 어떻게 행동했습니까?

계수 왕자   이때 발기 형은 고구려 군에게 일방적으로 쫓기고 있었습니다. 나는 발기 형을 추격했는데, 그때 형이 내게 "네가 지금 늙은 형을 죽이려 하느냐"며 호통을 쳤습니다. 나는 비록 형을 추격하는 입장이었지만, 형제간의 정 때문에 차마 형을 해칠 수는 없었습니다. 그래서 형에게 물었습니다. "연우 형이 왕위를 사양하지 않은 것을 의로운 일이라고 할 수는 없지만, 그렇다고 발기 형이 한때의 분함을 참지 못하고, 고구려를 멸망시키려 함은 무슨 뜻입니까? 죽어서 무슨 면목으로 조상들을 뵈려고 그러십니까?"

나의 말을 들은 발기 형은 부끄러움을 이기지 못하고, 배천 땅으로 달아나 스스로 목을 베어 죽었습니다.

오자유 변호사   그런데 그다음의 일 처리를 놓고 연우 왕자와 약간의 갈등이 있었다고 하던데요. 어떤 일입니까?

계수 왕자　나는 발기 형과 연우 형 모두에게 잘못이 있다고 생각했습니다. 그리고 형제가 죽었는데, 어찌 그냥 있을 수가 있겠습니까? 나는 슬피 울면서 발기 형의 시신을 거두어 간단한 무덤을 만들어 놓고 궁궐로 돌아왔습니다. 하지만 연우 형은 여전히 발기 형에게 화가 나 있었습니다. "발기 형이 다른 나라에 군사를 요청하여 조국을 침범하였으니, 그 죄가 심히 크다. 그런데 발기 형을 쳐서 이기고도 죽이지 아니하다니! 그래, 죽이지 못한 것은 이해할 수 있다. 하지만 발기 형이 자살한 후에 매우 슬피 울며, 어찌 나를 나쁘다고 할 수 있느냐"며 나에게 따졌습니다.

나당연 변호사　여기서 잠깐, 증인에게 제가 질문을 드려도 되겠습니까?

판사　증언과 관련된 이야기라면 좋습니다.

나당연 변호사　증인은 발기 왕자에게만 잘못이 있다고 생각했습니까? 연우 왕자에 대해서는 아무런 불만이 없었나요? 동생의 입장에서 볼 때, 증인은 연우 왕자의 행동이 정당했다고 봅니까?

계수 왕자　물론 아니지요. 나는 연우 형에게도 문제가 많았다고 생각합니다. 나는 임금이 된 연우 형에게 신하 된 입장에서 "왕후가 비록 선왕의 유언을 조작해 형을 왕으로 세웠다 할지라도, 형이 예의를 지키며 사양하지 않은 것은 형제간의 의리를 생각하지 않은 것입니다"라고 솔직히 비판한 바 있습니다. 또 "내가 발기 형의 시신을 거두어 간단한 무덤을 만들었던 것은 형제간의 의리 때문인데, 이것마저 나에게 화를 낼 줄은 몰랐다"고도 말했지요. "발기 형의

조강지처
조선 시대에는 남자가 아무리 출세를 했다고 하더라도 젊어서 함께 고생했던 부인인 조강지처를 버리고 새로 장가를 들어서는 안 된다고 하였습니다. 이것은 반드시 지켜야 할 도덕적인 의무였지요.

죄를 덮고, 형제의 예로써 장례를 잘 치러 준다면, 백성도 연우 형을 의리가 없다며 비난하지 않을 것이다"라고 권했지요.

나당연 변호사　증인의 증언을 듣고 나니 그간 품었던 의문이 풀리는군요. 발기 왕자의 무덤을 산상왕이 왕의 예를 갖추어 잘 만들어 준 것이 의심스러웠거든요. 이제 보니 그것은 연우 왕자의 진심이 아니라 그가 백성에게 환심을 사기 위해 행한 일이었다는 생각이 듭니다. 그렇지요, 증인?

계수 왕자　연우 형이 발기 형의 무덤을 만든 것이 그의 진심인지 아닌지는 본인만이 알 것입니다. 어쨌든 그날 연우 형은 나의 조언을 듣고는 더 이상 나를 원망하지 않고 함께 웃으며 연회를 마쳤습니다.

나당연 변호사　증인, 연우 왕자는 3개월이 지나 발기 왕자의 장례가 끝나자, 곧장 우씨 왕후를 자신의 왕후로 삼았지요? 그런데 이미 연우 왕자에게는 부인이 있었지요. 아무리 우씨 왕후 덕에 왕이 되었다고 해도, 조강지처를 몰아내고 우씨 왕후와 재혼한 것은 너무하지 않습니까?

계수 왕자　조강지처요? 글쎄요, 나는 그런 말을 알지 못합니다.

나당연 변호사　조강지처란 말은 고생하던 시기를 함께 보낸 첫 번째 부인을 가리키는 말입니다. 남편이 출세한 후에도 결코 부인을 버려서는 안 된다는 뜻을 담은 유명한 말인데 모르신다고요?

계수 왕자　거듭 말하지만, 나는 그런 말을 알지 못합니다. 우씨 왕

흑흑, 동생으로서 형님은 이렇게 묻게 되다니요. 참으로 비통합니다.

발기 형님, 그러기에 왜 나와 우씨 왕후의 말을 거역했습니까?

후와 연우 형의 결혼은 정당합니다. 그건 아무 문제가 안 됩니다. 왜 그것이 너무하다고 하지요? 우씨 왕후가 연우 형을 산상왕으로 만드는 데 큰 공을 세웠으니, 당연히 왕후가 되어야 합니다. 형수와 시동생이 결혼하는 것은 당연한 일이니까요.

계수 왕자가 조강지처라는 말을 처음 듣는다며, 형수와 시동생이 결혼하는 것이 당연한 일이라고 하자, 나당연 변호사는 당황스러운 기색을 보였다.

판사   네, 좋습니다. 더 이상 신문할 것이 없으면 이것으로 증인 신문을 마치겠습니다. 증인은 수고하셨습니다. 자리에 돌아가도 좋습니다.

우씨 왕후는 어떤 옷을 입었을까?

　고구려의 왕후는 비단을 비롯한 고급 재료로 만든 옷을 입었습니다. 고구려의 특산품인 '금수'는 무늬를 수놓은 비단입니다. 고구려 귀족 여인들은 다채로운 무늬가 새겨진 비단 옷을 즐겨 입었지요. 여인의 옷은 대부분 왼쪽으로 옷깃을 여미게 되어 있었습니다. 종종 허리에 띠를 매기도 했고, 소매 폭도 넓은 편이었지요. 소매 끝과 깃, 섶 등에는 선을 넣기도 했습니다. 저고리는 대개 엉덩이의 반 이상을 덮었고, 치마는 땅에 닿을 정도로 길었는데, 주름치마, 색동 치마, 꽃무늬 치마 등을 입었지요.

　귀족 여인들은 얼굴에 화장도 했습니다. 볼과 입술에 붉은색으로 연지를 발랐지요. 머리에는 금과 은으로 만든 장신구를 달고, 타원형의 가발을 만들어 장식했어요. 이런 가발은 매우 비싼 편이어서 왕후를 비롯한 귀족 여성들만 사용했습니다. 이처럼 왕후를 비롯한 귀족 여성들은 여러 방법으로 한껏 멋을 부렸답니다.

평안남도 수산리 고분 벽화에 그려진 귀족 여인의 모습

3

우씨 왕후는
여성의 적이었을까?

나당연 변호사   존경하는 판사님, 증인으로 산상왕의 후궁인 후녀를 불러 주십시오.

판사   어디 보자. 증인으로 신청한 명단에 이름이 있기는 한데. 음……, 순서가 뒤쪽인데 서둘러 부르는 특별한 이유라도 있습니까?

나당연 변호사   연우 왕자와 우씨 왕후의 행동을 보고 문득 이런 생각을 하게 되었습니다. 우씨 왕후가 지금 영혼 세계에서 하는 남녀평등위원회 활동이 과연 누구를 위한 것일까요? 그것은 우씨 왕후 자신을 위한 것이지, 결코 다른 여성들을 위한 행동은 아니라는 생각이 듭니다.

판사   어째서 그렇습니까?

나당연 변호사   일단 고구려에서는 여성의 지위가 높았다고 하는

데 고구려가 정말 여성을 위한 시대였는지는 잘 따져 보아야 할 것 같습니다. 여성의 권리가 높다고 자랑하던 고구려에서 어찌 이럴 수가 있습니까? 조강지처를 버리는 일이 아무런 죄가 아니라니요? 여성 변호사인 피고 측 변호인도 우씨 왕후의 편만 들지 말고, 연우 왕자의 조강지처 입장에서도 생각해 보시기 바랍니다. 연우 왕자가 너무한 것이 아닙니까? 안 그렇습니까?

판사   그렇게 볼 수도 있겠군요. 이에 대한 피고 측 변호인의 생각은 어떻습니까?

오자유 변호사   판사님, 이는 원고 측 변호인이 당시 고구려 상황을 잘 몰라 하는 소리입니다. 조강지처란 말은 중국의 후한 시대에 처음 만들어진 말입니다. 그 시대의 역사를 기록한 책인 『후한서』에 의하면 연우 왕자와 우씨 왕후가 결혼한 197년의 고구려에는 아직 조강지처라는 말이 없었습니다. 조선 시대에 유교적 윤리를 내세우는 사람들은 조강지처를 내쳐서는 안 된다는 말을 꼭 지켜야 하는 의무처럼 받들었지만, 당시 고구려 사람들은 조강지처라는 말조차 몰랐습니다.

판사   고구려 사람들은 조강지처라는 말의 뜻도 잘 몰랐겠군요.

오자유 변호사   그렇습니다. ▶조선 시대에 조강지처를 버려서는 안 된다는 말이 입에 자주 오르내린 이유는 당시는 여성이 재혼할 수 없었기 때문입니다. 그래서 이혼을 당해

『후한서』
중국 후한(後漢) 196년간의 역사적 사실을 기록한 정사로 송나라의 범엽이 쓴 역사책이지요.

교과서에는

▶ 조선의 『성종실록』에 이런 내용이 나옵니다. "믿음은 부인의 덕이니, 한 번 함께하였으면 종신토록 고치지 않는다. 이제부터 재가한 여자의 자손은 사족의 명분에 나란히 하지 않음으로써 풍속을 바르게 하라."

문덕 왕후

고려 6대 성종(981~997)의 부인인 문덕 왕후 유씨는 본래 홍덕원군에게 시집을 갔다가, 다시 성종과 결혼했습니다. 또 숙창원비 김씨는 최문승에게 시집을 갔다가 과부가 되었는데, 25대 충렬왕의 사랑을 받아 왕과 결혼했습니다. 또한 26대 충선왕의 사랑을 받은 순비 허씨는 왕과 만나기 전에는 7남매를 둔 38세의 과부였습니다. 또한 27대 충숙왕의 부인인 수비 권씨도 본래 전씨 집안에 시집을 갔다가 이혼한 여성이었습니다.

홀로 힘들게 살아갈 여성들을 배려해 조강지처를 버려서는 안 된다고 강조했던 것이지요.

판사 그렇다면 고구려에서는 여성이 재혼할 수 있었나요?

오자유 변호사 그렇지요. 고구려는 여성이 쉽게 재혼할 수 있었기 때문에 이혼도 가능했던 것입니다. 고구려만 그런 것이 아닙니다. 고려 문덕 왕후의 예처럼, 고려 시대까지도 재혼이 널리 허락되었지요. 그런 만큼 첫 번째 부인과 이혼했다고 해서 연우 왕자를 못된 사람이라고 보는 고구려 사람은 없었습니다.

나당연 변호사 판사님, 이의 있습니다. 이혼이 문제가 되지 않는 고구려 시대였다고 해도, 연우 왕자의 첫째 부인이 먼저 이혼하기를 원했겠습니까? 우씨 왕후 때문에 어쩔 수 없이 이혼하게 된 것이 아닙니까? 피고 측의 주장대로라면, 우씨 왕후의 행복을 위해 연우 왕자의 첫째 부인은 이름도 없이 사라져도 좋다는 말이 됩니다. 우씨 왕후는 연우 왕자의 첫째 부인에게서 행복을 빼앗아 간 사람임에도 불구하고 말입니다. 연우 왕자의 첫째 부인과 자식들은 역사 기록에도 이름을 남기지 못하고 사라졌습니다. 우씨 왕후는 자신의 행복을 위해 남의 행복까지 빼앗았는데, 어찌 그녀가 여성의 인권을 운운할 수 있습니까? 연우 왕자는 더 심하지요. 권력을 위해 첫째 부인을 내팽개치고, 19년 동안이나 형인 고국천왕의 아내였던 우씨 왕후와 결혼했습니다. 그러고는 어찌 백성들 앞에서 뻔뻔하게 왕이라고 자처

왜 고구려 우씨 왕후는 두 번 왕후가 되었을까?

할 수 있습니까?

판사   연우 왕자가 그때까지 결혼하지 않았던 것 아닙니까?

나당연 변호사   당시 연우 왕자의 나이는 이미 서른 살이 넘었습니다. 고구려에서는 열다섯 살이면 벌써 성인으로 대접받고 결혼도 했는데, 왕의 동생인 연우 왕자가 어찌 그때까지 결혼하지 않을 수 있었겠습니까? 피고 측 오자유 변호사가 여성을 위한 변호인이라고 소문이 났기에 어떤 분인가 했는데, 피고의 행복만을 생각하고 다른 여성의 행복은 아랑곳하지 않는 분이었군요. 겉과 속이 너무 다르시

네요. 정말 실망입니다. 더 이상 비난했다가는 판사님이 주의를 줄까 봐 참습니다만, 이건 정말 아니지요!

판사 어험, 나당연 변호사, 상대 측 변호인을 비난하는 것은 자제하세요.

나당연 변호사 아, 네…… 네. 제가 너무 화가 나서 그랬습니다. 주의하겠습니다.

판사 피고 측 변호인께 묻겠습니다. 우씨 왕후가 연우 왕자, 즉 산상왕과 다시 결혼한 후에는 왕후로서 어떤 행동을 했습니까? 원고 측이 제시한 자료에는 대단히 이기적인 여성이었다고 나와 있는데요. 왜 그런 비판을 받는지에 대해 말씀해 주세요.

오자유 변호사 판사님, 피고가 재혼한 이후의 문제까지 굳이 답변할 이유는 없다고 생각합니다.

나당연 변호사 판사님, 이 문제는 피고가 과연 왕후로서 정당한 자격이 있는지, 그녀가 왕후가 된 것이 고구려에 도움이 되었는지를 묻고자 하는 것이니 반드시 답변을 들어야 한다고 봅니다. 피고는 산상왕의 왕후가 된 후, 막강한 권력을 휘둘렀습니다. 산상왕 역시 자신을 왕위에 앉힌 우씨 왕후를 의식해 두 번째 부인을 두지 못했지요.

판사 원고 측 변호인, 우씨 왕후가 후궁을 두지 못하게 한 것이 왕후로서의 자격을 판단하는 것과 무슨 관련이 있습니까?

나당연 변호사 판사님, 아주 깊은 관련이 있습니다. 왕은 다음 왕위를 계승할 왕자를 얻어야 합니다. 왕이 후계자가 없이 죽으면 나라는 왕위 계승 문제를 놓고 큰 혼란에 빠지기 마련입니다. 따라서 왕위를 계승할 후계사, 즉 아들을 낳는 일은 왕후가 해야 할 중요한 일 가운데 하나라고 할 수 있습니다. 그런데 우씨 왕후는 고국천왕과의 사이에서는 물론, 산상왕과의 사이에서도 자식을 낳지 못했습니다. 그렇다면 산상왕이 후계자를 얻을 수 있게 후궁을 얻도록 하는 것이 왕후의 올바른 처사라고 생각합니다.

판사　그런데 피고는 그렇지 않았다는 말인가요?

나당연 변호사　물론입니다. 그러니 피고로부터 핍박을 받았던 증인 후녀를 신문하게 해 주십시오.

판사　아, 그……그렇지! 증인을 불러 달라고 했는데 이렇게 말이 길어졌군요. 증인 후녀는 나와서 증인 선서를 해 주세요.

후녀　나는 이 법정에서 오직 진실만을 말할 것을 선서합니다.

판사　증인 선서를 마쳤으니, 원고 측 변호인부터 증인 신문을 시작하세요.

나당연 변호사　증인은 산상왕과 언제, 어떻게 만났습니까?

후녀　산상왕께서 임금이 된 지 12년이 되던 해(208년), 11월의 일이었습니다. 하늘에 제사를 지낼 때 쓰는 돼지 한 마리가 내가 사는 주통촌으로 도망쳐 왔는데, 관리들이 돼지를 쫓아 마을에 들어왔지요. 그때 내가 그 돼지를 앞질러 잡았습니다. 그런데 그 일이 산상왕에게 알려진 것입니다. 그래서 산상왕이 밤에 나를 찾아왔습니다.

나당연 변호사　단지 돼지 한 마리를 잡아 주었다고 산상왕이 밤에 찾아왔다니 좀 놀랍군요.

후녀　　그때 내 나이가 스무 살 정도였는데, 나를 본 관리마다 얼굴이 아주 예쁘고, 미소가 아름답다며 칭찬하곤 했습니다. 그래서 산상왕도 나에 대한 호기심이 생겨 와 본 것이 아닐까 생각합니다. 사실 나는 산상왕이 나를 찾을 것이라고 미리 예상하고 있었습니다. 어머니가 나를 낳으실 때 점을 보셨는데, 그 점쟁이는 어머니가 후궁이 될 여자를 낳을 것이라 예언했다고 합니다. 그래서 내 이름도 '후궁이 될 여자'라는 뜻으로 '후녀'라고 지으셨지요.

나당연 변호사　　그렇다면 그 예언이 실현된 것이군요.

　　왜 고구려 우씨 왕후는 두 번 왕후가 되었을까?

후녀　말씀처럼 그리 쉽지는 않았지만, 어쨌든 산상왕이 나를 찾아오신 날 밤, 나는 임신을 하게 되었습니다. 나는 산상왕에게 미리 자식을 낳으면 나를 버리지 말아달라고 부탁한 바 있는데, 산상왕도 그러겠다고 했지요. 그러나 다음 해 3월, 우씨 왕후는 내가 산상왕과 만난 것을 알고 분노했습니다. 그래서 군사를 보내 나를 죽이려고까지 했지요.

나당연 변호사　세상에 아기까지 임신한 힘 없는 여성을 죽이려고 하다니, 피고는 정말 잔인한 사람이군요!

후녀　나는 군사들의 눈을 피해 남자 옷을 입고 도망쳤지만 결국 잡히고 말았습니다. 하지만 정신을 차린 후 군사들을 향해 소리쳤지요. "너희가 나를 죽이려는 것은 왕의 명령이냐, 왕후의 명령이냐? 지금 내 뱃속에는 왕의 혈육이 들어 있다. 나를 죽이는 것은 괜찮지만, 감히 왕의 자식까지 죽이려고 하느냐?" 하고 말입니다. 그러자 군사들은 감히 나를 죽이지 못했습니다. 그들이 나의 말을 산상왕에게 그대로 고했고, 산상왕이 나를 찾아왔습니다. 내가 자신의 아이를 잉태한 것을 알고 위로해 주고 가셨지요. 그러고는 왕후를 설득했다고 하는데, 그 후로는 더 이상 우씨 왕후도 나를 어쩌지 못했습니다. 결국 나는 아들 교체를 낳았고, 교체는 고구려 11대 동천왕이 되었지요.

나당연 변호사　증인의 이야기를 종합해 보면 산상왕이 직접 나서서 왕후를 설득해야 할 정도로 왕후의 질투가 심했다는 얘기군요.

후녀　그렇습니다. 내가 알기로 산상왕은 오래전부터 아들 낳기를

원했습니다. 왕후가 아이를 낳지 못해 후손이 끊길 위기였으니까요. 몇 년 전부터 신에게 제사를 올리고 기도도 했다고 들었습니다. 신하들은 우씨 왕후의 눈치가 보여 산상왕에게 후궁을 맞으라고 차마 말하지 못하고 있었고요. 그래서 둘째 부인을 두려고 마음만 먹고 있던 중에 산상왕은 나를 만난 것입니다.

오자유 변호사　　판사님, 증인의 증언은 모두 사실입니다. 하지만 증인을 핍박할 수밖에 없었던 피고의 입장도 고려해야 한다고 생각합니다. 남편의 사랑을 독차지하고 싶은 것은 여성이라면 누구나 갖는 욕망입니다. 그렇다면 피고의 질투심은 여성이면 가질 수 있는 일반적인 마음이라고 볼 수 있지 않을까요? 그 정도 질투를 한 것으로 우씨 왕후의 자격과 인격을 비판해서는 안 된다고 봅니다.

왜 고구려 우씨 왕후는 두 번 왕후가 되었을까?

나당연 변호사　피고는 단순히 질투를 하는 정도가 아니었습니다. 그녀는 후녀의 자식인 농천왕이 임금이 되었을 때도 행패를 부렸지요. 그녀는 왕이 타는 말의 갈기를 잘라 버렸고, 동천왕에게 수라상을 올릴 때, 시녀를 시켜 일부러 국을 엎지르게 하는 등 못된 짓을 골라 했습니다. 피고의 이러한 행동으로 볼 때, 피고는 자신의 욕심과 질투심에 따라 다른 사람을 괴롭히는 사람임이 분명합니다.

판사　음, 그러니까 피고는 원고는 물론이고 산상왕의 첫 번째 부인과 후녀, 동천왕에 이르기까지 여러 사람을 괴롭혔다는 말이군요.

오자유 변호사　원고 측의 주장을 받아들인다고 하더라도, 먼저 피고가 왜 그렇게 행동했는지를 살펴봐야 한다고 생각합니다. 거듭 말씀드리지만, 피고는 외로운 왕후로 살았고 자신이 속한 연나부를 위기에서 벗어나게 해야 한다는 의무감을 안고 있었습니다. 또한 그녀가 아이를 낳지 못하는 여성이었기에 왕후로서의 위치가 늘 불안했다는 점도 감안해야 할 것입니다.

판사　피고 측의 주장도 충분히 참고하겠습니다. 자, 벌써 시간이 많이 흘렀습니다. 오늘 재판은 여기까지 하지요. 오늘 다 다루지 못한 문제는 다음 주 같은 시간에 열리는 공판에서 다시 심의하도록 하겠습니다.

땅, 땅, 땅!

고구려 고분 벽화에 그려진
여성의 모습

안악 2호분, 여주인공

여성이 무덤의 주인으로, 무
덤에 등장하는 33명의 인물 가
운데 호위 무사 두 명과 어린이
두 명을 제외한 나머지 사람이
모두 여성이라는 특징이 있습
니다.

덕흥리 고분, 수레 타는 여성

덕흥리 고분의 여주인공은
남성과 똑같이 수레를 타고 외
출을 합니다. 가마방이 달린 수
레는 소가 끌고 있으며, 여자
시종들이 함께 여주인공을 따
라다닙니다.

왜 고구려 우씨 왕후는 두 번 왕후가 되었을까?

안악 3호분, 여주인공 초상화

고구려의 왕후 또는 귀족 여인의 모습이라고 생각됩니다. 머리에 가발을 썼고 후덕한 인상에 당당한 모습이 돋보입니다.

장천 1호분, 여성의 야외 놀이 장면

고구려 사람들의 야외 놀이 장면을 담은 그림에서 여성들도 자유롭게 나와, 남성들과 어울려 함께 노래하고 춤추며 악기를 연주하는 모습을 볼 수 있습니다. 고구려 여성들은 남성 못지않게 자유로운 삶을 누렸습니다.

다알지 기자

　　발기 왕자와 우씨 왕후의 두 번째 공판이
막 끝난 법원 앞에 나와 있습니다. 오늘 공판에
서는 바로 아래 동생인 발기 왕자가 아닌 연우 왕
자가 왕이 된 것이 과연 아무런 문제가 없는 일인지, 발기 왕자는 왜 반
란을 일으켰는지, 우씨 왕후는 정말 여성의 권익을 생각하는 사람인지
에 대한 양측의 팽팽한 논쟁으로 법정 안이 여간 뜨겁지 않았습니다.

　　그럼, 오늘은 재판정을 나서는 양측의 두 변호사를 만나 오늘 공판
에 대한 소감을 들어 보도록 하겠습니다. 먼저 나당연 원고 측 변호사
님, 오늘 재판이 쉽지 않았던 것 같은데요, 두 번째 공판의 성과라면 무
엇이라고 생각하시는지요? 그리고 오자유 피고 측 변호사님, 오늘 피
고가 자유로운 여성을 대표하는 사람이 아니라 제 욕심만을 챙긴 여성
으로 부각된 데 대해 담당 변호사로서 어떻게 생각하시는지 한 말씀
해 주시기 바랍니다.

나당연 변호사

무척 어려운 재판이었지만, 나름의 성과가 있
었습니다. 연우 왕자가 다음 왕위를 이은 것이 장
유유서의 관점에서 볼 때 옳지 않다고 주장한 것은 별
다른 효과가 없었습니다. 하지만 연우 왕자가 왕위에 욕심을 냈다는
것을 밝혀서 원고가 반란을 일으킬 수밖에 없었던 상황을 설명한 것이
가장 큰 성과라고 생각합니다. 그리고 무엇보다 피고가 여성의 인권을
보호하기 위해 애쓴 정의로운 사람이 아니라, 자기 욕심을 채우기 위
해 여러 사람을 괴롭힌 못된 여성임을 만천하에 밝힌 점이 이번 공판
의 가장 큰 성과라고 할 수 있습니다.

오자유 변호사

　　그것은 아무래도 여성에 대한 뿌리 깊은 편견 때문이 아닌가 싶습니다. 만약 우씨 왕후가 남성이었다면, 지금처럼 발기 왕자가 소송을 제기했을까요? 발기 왕자는 남성들의 권력 다툼에서 패한 것은 부끄럽지 않게 여기면서 여성인 우씨 왕후에게 밀려난 것은 억울하게 생각하는 것 같습니다. 또 우씨 왕후가 여성으로서 같은 여성을 돌보지 않았다고 비판하지만, 그럼 권력을 잡은 남성은 같은 남성을 위해서 뭘 했나요? 더 많은 남성을 괴롭히지 않았습니까? 하물며 남성들은 제 권력을 유지하기 위해 죽임도 서슴지 않았음을 역사에서 확인하고 있잖아요.

여성은 정치에
참여하면 안 될까?

1. 우씨 왕후의 재혼은 문제였을까?
2. 역사 속 여성 정치가는 정말 무능했을까?

1

우씨 왕후의
재혼은 문제였을까?

판사   오늘은 드디어 3차 공판이 열리는 날입니다. 그럼 먼저 원고 측에서 주장하듯이 과연 피고가 고구려의 결혼 풍습을 어겼는지에 대해 양측의 의견을 듣도록 하겠습니다. 원고 측 변호인, 피고가 구체적으로 어떻게 고구려의 결혼 풍습을 어겼다는 것입니까?

나당연 변호사   네, 판사님. 그 질문에 답변하겠습니다. ▶고구려에는 '형사취수혼'이라는 풍습이 있었습니다. 형사취수혼이란, 형이 죽으면 동생이 형수를 아내로 맞이하여 함께 사는 풍습을 말합니다. 그런데 형수가 동생과 결혼하더라도 무턱대고 아무 동생과 혼인을 올리는 것이 아니라 형제간의 나이 순에 따라 그 차례가 정해지는 것입니다. 따라서 우씨 왕후는 남편이 죽은 후, 첫째 시동생인 발기 왕자와 결혼했어야 했습니다.

판사　　그렇다면 고국천왕이 죽은 후, 피고가 원고 발기 왕자를 찾아간 것은 새로운 남편 후보를 찾아간 셈이로군요.

나당연 변호사　　그렇습니다. 당시 발기 왕자는 강한 힘을 가진 소노부 출신의 부인과 결혼 생활을 하고 있었습니다. 따라서 우씨 왕후가 원고의 부인이 될 수는 있지만, 둘째 부인이 될 수밖에 없어 왕후의 역할을 할 수는 없었습니다. 욕심이 많았던 왕후는 결국 연우 왕자를 찾아가 형사취수혼의 풍습을 무시하고 자신이 연우 왕자의 첫째 부인이 되고자 했던 것이지요.

판사　　그러니까 피고가 고구려의 결혼 풍습을 깨뜨렸다는 것이로군요.

나당연 변호사　　그렇습니다. 형사취수혼이라는 풍습은 공동체를 계속 이어 가기 위한 것으로 형제간의 우애를 바탕으로 이루어진 것입니다. 동생은 형이 죽은 후, 살아갈 능력을 잃은 형수와 조카들을 대신 먹여 살릴 의무가 있었던 것입니다. 그렇기 때문에 원고가 연우 왕자에게 "형이 죽으면 동생이 잇는 것이 예의"라며 꾸짖었던 것입니다.

판사　　연우 왕자가 형제간의 순서를 무시하고 피고와 재혼한 것은 분명 잘못이로군요. 당시 고구려 사람들도 크게 비난했을 것 같은데…….

이때, 오자유 변호사가 서둘러 자리에서 일어났다.

교과서에는

▶ 고구려의 지배층은 형사취수제 외에도 서옥제라는 혼인 풍습을 가지고 있었습니다. 고구려의 평민들은 지금처럼 남녀가 자유롭게 교제하여 결혼을 했는데 신랑 측은 돼지고기와 술이 아닌 다른 예물은 준비하지 않았습니다.

오자유 변호사　그렇지 않습니다. 원고 측 변호인의 이야기와 달리, 고구려에서는 우씨 왕후가 둘째 동생인 연우 왕자와 결혼하는 것을 반대하는 이가 거의 없었습니다. 을파소는 물론, 셋째 동생인 계수 왕자도 그들의 결혼에 동의했지요. 또한 연우 왕자와 우씨 왕후의 결합에 반대하여 발기 왕자가 군사를 일으켰을 때에도 고구려 사람들은 원고의 주장에 동의하지 않았습니다.

　왜 고구려 우씨 왕후는 두 번 왕후가 되었을까?

판사 　그렇다면 우씨 왕후와 연우 왕자의 결합은 고구려 사회와 사람들에게 그리 큰 문제가 아니었단 말이군요.

나당연 변호사 　판사님, 이의 있습니다. 이 문제는 누가 역사를 기록했는가를 따져 보고 판단해야 합니다. 연우 왕자와 우씨 왕후의 연나부는 원고와 원고를 지지하는 소노부와의 전쟁에서 승리했습니다. 따라서 당시의 역사는 승자였던 연우 왕자와 피고 측에 유리하게 기록돼 있습니다. 그리고 우씨 왕후가 죽기 직전에 자신의 잘못을 부끄러워했다는 내용이 『삼국사기』에 분명히 기록되어 있습니다.

판사 　그렇습니까? 어떤 내용이지요?

나당연 변호사 　피고는 죽기 직전에 유언으로 "내가 일찍이 행실을 잃었으니 무슨 낯으로 고국천왕을 지하에서 보랴. 만일 여러 신하들이 차마 나를 구렁텅이에 버리지 아니하거든 나를 산상왕릉 곁에 묻어 주기 바란다"라고 했습니다. 이것은 그녀가 스스로 자신이 잘못된 행동을 했음을 인정하고, 이를 뉘우쳤음을 알려 주는 증거라고 볼 수 있습니다.

2~3세기 고구려 지배층의 무덤

판사 　피고는 원고 측 변호인의 말처럼 이런 유언을 남긴 적이 있습니까?

우씨 왕후 　그런 유언을 남긴 적은 있

장군총. 중국 지린 성에 있는 고구려의 고분으로 산상왕의 무덤이라는 주장이 있습니다.

습니다. 하지만…….

나당연 변호사　피고는 왜 말을 하다가 그만둡니까? 스스로 양심에 꺼리는 것이 있나 보군요. 판사님, 『삼국사기』에 기록된 것을 조금 더 말씀드리자면, 피고가 산상왕릉 곁에 묻힌 것을 보고, 고국천왕의 영혼이 화가 나 이들 영혼과 다투었다고 합니다. 이때 고국천왕의 영혼은 고구려 사람들을 보는 것이 부끄러워 무당을 시켜 자신의 무덤을 무엇으로 가려 달라고 했고요. 이런 기록들을 참고해 보면 고구려 사람들조차 우씨 왕후와 연우 왕자의 결혼을 마땅치 않게

고국천왕의 영혼은
피고가 산상왕릉 곁에
묻힌 것을 보고
화를 냈다고 합니다.
또 고구려 사람들 보기를
부끄러워했고요.

　왜 고구려 우씨 왕후는 두 번 왕후가 되었을까?

여겼다는 것을 알 수 있지요.

판사　그렇군요.

오자유 변호사　판사님, 원고 측의 이러한 주장에 대해 이의 있습니다. 『삼국사기』는 고려 시대 유학자인 김부식이 쓴 책입니다. 따라서 김부식 선생의 개인적인 유교적 가치관이 반영되어 "피고가 후회했다"는 표현이 남겨진 것입니다. 때문에 그가 내용을 과장했을 가능성도 충분히 있습니다.

나당연 변호사　아닙니다, 판사님. 앞서 우씨 왕후는 『삼국사기』에서 김부식이 자신을 비난하지 않았다고 말한 바 있습니다. 조선 시대 유학자들은 신랄하게 피고를 비판했지만 김부식은 그렇지 않았습니다. 직접 비판하지 않은 것이지요. 따라서 『삼국사기』의 기록은 고려 사람으로서 당시의 생각을 과장 없이 그대로 나타낸 것이라고 할 수 있습니다.

판사　우씨 왕후의 유언은 그렇다고 하더라도, 이미 죽은 고국천왕이 무당을 시켜 자신의 불만을 말했다는 것은 사실로 받아들이기 힘든 것 같은데요.

나당연 변호사　판사님, 저도 정말로 고국천왕의 영혼이 나타나서 무당에게 그 말을 전했는지는 저도 알 수 없습니다. 하지만 저는 무당이 한 말을 고구려 왕실에서 받아들였다는 것에 주목해야 한다고 봅니다. 다시 말해, 고구려 사람들은 우씨 왕후가 고구려의 결혼 풍습인 형사취수혼을 어긴 사람이라고 생각했다는 뜻이지요.

판사　고구려 사람들의 생각을 좀 더 자세히 말씀해 주실까요?

나당연 변호사　　고구려 사람들은 피고가 형사취수혼을 어기고 산상왕의 왕후가 되었고, 죽어서도 고국천왕의 무덤이 아닌 산상왕의 무덤에 묻힌 것은 잘못이라고 생각했습니다. 고국천왕은 죽어서 왕후도 없이 홀로 무덤에 있는 반면, 피고는 죽어서 산상왕의 왕후로 계속 남게 되었으니 이상하지 않습니까? 피고가 원고 발기 왕자와 재혼했다면, 발기 왕자는 원래 부인과 영혼 세계에서 살고 우씨 왕후는 고국천왕에게 돌아가는 것이 정당한 것입니다. 하지만 피고는 고구려의 풍습을 어기고, 연우 왕자의 부인을 쫓아내고 그와 결혼했습니다. 때문에 죽어서도 산상왕의 곁에 남았고, 고국천왕에게 돌아가지 못한 것입니다.

판사　　그래서 고구려 사람들은 피고를 비난한 것인가요?

나당연 변호사　　그렇습니다. 고구려 사람들은 피고가 그녀만의 행복을 위해 일방적으로 산상왕과 결혼했다고 생각했습니다. 그래서 고국천왕이 영혼 세계에서의 행복마저 빼앗겼다고 생각했지요. 이 때문에 고국천왕과 피고는 죽어서도 어색한 관계가 될 게 분명하니, 소나무를 심어 두 사람의 무덤을 가려야 한다고 생각했고요. 형사취수혼에 따라 피고가 원고와 결합했다면, 고구려 사람들이 피고를 이토록 비난하지는 않았을 것입니다.

판사　　피고 측에서는 이 문제에 대해 이의를 제기하겠습니까?

오자유 변호사　　물론입니다. 판사님, 고구려에서는 여성들도 자유롭게 결혼할 수 있었습니다. 그러니까 우씨 왕후도 첫째 시동생인 발기 왕자와의 결혼을 거절할 자유가 있었다고 봅니다. 30대의 나이였

던 피고는 자신의 남은 삶을 위해 중대한 선택을 했습니다. 연우 왕자와 결혼한 것은 남은 삶을 행복하게 살고자 하는 당연한 의지였고요. 그녀는 연우 왕자를 산상왕으로 만드는 데 성공함으로써 고구려 사람들로부터 인정을 받았습니다. 그것을 가지고 왈가왈부할 수는 없습니다.

나당연 변호사　판사님, 피고의 행동이 얼마나 잘못되었는지 피고 측은 모르는 듯합니다. 따라서 이를 평가해 줄 증인으로 안정복 선

『동사강목』
조선 후기 실학자인 안정복이 쓴 책입니다. 고조선부터 고려 말까지의 역사가 기록되어 있어요.

신채호
역사 연구를 통해 민족의 독립 의지를 고취시키려고 했던 독립 운동가 겸 역사학자입니다. 대표작으로 『조선상고사』, 『독사신론』 등이 있습니다.

생을 불러 주시기 바랍니다.

판사　아, 그분은 조선 시대의 역사학자로 『동사강목』이라는 책을 쓰신 분이지요? 좋습니다. 증인은 나와서 증인 선서를 해 주시기 바랍니다.

안정복　한국사법정에서 오직 진실만을 말하도록 하겠습니다.

나당연 변호사　20세기 한국 민족 사학을 대표하는 신채호 선생은 항상 증인의 책인 『동사강목』을 옆에 끼고 다녔다던데요. 조선 시대를 대표하는 역사가를 만나니 반갑고 영광스럽습니다.

안정복　허허, 이거 과찬이십니다그려.

나당연 변호사　증인께서는 역사적 사건을 평가하는 글을 직접 『동사강목』에 쓰기도 하고, 다른 분이 역사를 평가한 글을 옮겨 놓기도 했는데요. 조선을 대표하는 역사가로서 발기 왕자와 우씨 왕후의 행동에 대한 평가를 부탁드립니다.

안정복　우씨 왕후는 음탕한 행실과 사사로운 이익으로 여러 사람을 악의 구렁텅이로 몰아넣은 여인입니다. 더 이상 무슨 말이 필요하겠습니까? 하지만 발기 왕자는 음탕한 왕후가 이익을 내세워 꾀었을 때에도 의로움으로 이를 억제하였으니 능히 칭찬할 만하지요.

나당연 변호사　연우 왕자에 대해서는 어떻게 생각하시나요?

안정복　연우 왕자에게도 문제가 있습니다. 우씨 왕후가 왕의 유언을 핑계 삼았을 때, 연우 왕자가 의로움으로써 이를 비판하고 우씨 왕후의 잘못된 행동을 폭로해 왕위를 다투는 마음이 없었나면 어땠을까요? 아마 그 의로운 명성이 많은 사람을 감동시켰을 겁니다. 하지만 그는 그렇지 못했습니다. 그러므로 연우 왕자 또한 욕심이 있고 사악한 자이지요.

오자유 변호사   듣고 있자니 너무 편파적인 발언이라 어이가 없군요. 그럼 발기 왕자에게는 전혀 문제가 없었다는 것입니까?

안정복   물론 발기 왕자의 행동에도 잘못은 있지요. 발기 왕자가 연우 왕자와 우씨 왕후를 비판한 것은 형제의 순서를 무시하고 왕위를 찬탈했다는 점인데, 이것은 분하여 다투는 사사로운 마음에서 나온 것입니다. 따라서 고구려 사람들이 그를 따르지 않은 것은 당연합니다.

오자유 변호사   다시 묻겠습니다. 증인의 역사에 대한 평가가 공정하다고 생각하십니까?

안정복   ▶나뿐만이 아니라 역사를 기록한 여러 선생님들, 예를 들어 서거정과 최부는 그들이 쓴『동국통감』에서 "우씨는 지어미로서 지아비를 탄 것이며, 한 몸으로 두 번이나 국모가 되었으니, **완악하고** 음탕하며 부끄러움을 모르기가 천하에 오직 이 한 사람뿐이다"라고 우씨 왕후를 크게 비난한 바 있습니다. 그들도 나와 같은 생각을 가졌던 것이지요. 우씨 왕후의 잘못은 지금 생각해 봐도 비난받아 마땅합니다.

『동국통감』
1458년, 조선 7대 세조 임금은 우리나라의 역사를 연대순으로 정리한 역사책이 필요하다고 여겼습니다. 이에 서거정, 최부 등의 학자들에게 명하여 역사책을 만들었지요. 1485년에 완성된 이 책에는 고조선부터 고려 말까지의 역사가 연대순으로 기록되어 있습니다.

완악하다
성질이 억세게 고집스럽고 사납다는 의미를 가진 말입니다.

교과서에는

▶ 조선은 나라를 세울 때부터 국가적인 차원에서 역사책을 편찬하는 데 온 노력을 기울였습니다. 역사책 편찬에는 조선 왕조의 정통성을 밝히고 성리학적인 통치 규범을 정착시키려는 목적이 있었지요.

오자유 변호사   판사님, 이의 있습니다. 조선 시대 역사가들의 입장에서 고구려 사람들을 평가해서는 안 됩니다. 여성을 남성에 비해 열등하다고 생각한 조선의 학자들이 어떻게 왕후의 행동을 객관적으로 평가할 수 있겠습니까?

나당연 변호사   판사님, 피고 측 변호인의 말은 잘못입니다. 조선 시대에도 나름대로 여성을 존중했습니다. 아름다운 품성을 가지고, 올바름을 행한 여성을 크게 칭송하고 후손들에게 널리 알린 시대가

왜 고구려 우씨 왕후는 두 번 왕후가 되었을까?

바로 조선 시대였어요. 그럼에도 불구하고 증인이 이런 이야기를 기록한 것은 다 그럴 만한 이유가 있었기 때문입니다. 아무리 남성 위주의 사회에서 여성 중심의 사회로 바뀌어 간다고 해도, 잘못된 행동을 했던 여성들까지 무슨 선각자나 되는 양 치켜세우는 것은 잘못이라고 할 수 있습니다.

오자유 변호사는 나당연 변호사를 쳐다보며 "조선 시대 꽁생원같이 꽉 막힌 남성 우월주의자 같으니"라고 푸념했다. 이 소리를 들은 나당연 변호사는 "흥, 뭐든지 여성이 하면 다 좋다고 생각하지? 나 참, 변호할 사람을 변호해야지" 하고 말했다. 한동안 두 사람은 서로를 무섭게 노려보았다.

고구려의 또 하나의 결혼 풍습,
서옥제

　고구려에는 형사취수혼 외에도 독특한 결혼 풍습인 '서옥제'가 있었습니다. 남자와 여자의 결혼이 결정되면, 여자의 집에서는 자기 집 뒤에 조그마한 집을 새로 짓습니다. 이를 사위의 집이란 뜻으로 '서옥(壻屋)'이라고 합니다.

　사위 될 사람은 저녁에 신부의 집을 찾아가 문밖에 꿇어앉아 자기 이름을 대고 신부와 함께 살게 해 달라고 간청합니다. 이렇게 간청하기를 두세 번 하고 나면, 신부의 부모가 비로소 허락을 하고 서옥에서 신부와 함께 자는 것을 허락합니다. 이때 신랑은 돈과 옷감을 내놓습니다. 이렇게 혼인을 한 후 아이를 낳는데, 아이가 크게 자란 후에야 신랑은 처자를 데리고 신랑의 집으로 들어가 살 수 있었습니다.

　이것은 남성이 여성의 집에 살다가 다시 남성의 집으로 돌아가는 제도로, 남성이 여성의 집에서 살아야 하는 '데릴사위제'와도 관련이 있습니다.

　반면 고구려와 이웃한 옥저의 경우에는 이와 다른 결혼 풍습이 있었는데, 그것은 여성이 어릴 적부터 남성의 집에 들어가 사는 '민며느리제'입니다.

2

역사 속 여성 정치가는
정말 무능했을까?

판사   자, 두 분 변호인은 진정하시고, 지금부터 우씨 왕후의 행동이 과연 정당한 것이었는지에 대한 재판을 계속 진행하도록 하겠습니다.

나당연 변호사   예로부터 우리 조상님들은 "암탉이 울면 집안이 망한다"라는 말씀을 하셨습니다. 본래 닭이라는 동물은 수탉이 울어야 하는데, 암탉이 울었으니 이상한 일이라는 것이지요. 이 말은 여성을 비하하자는 것이 결코 아닙니다. 정상적이지 못한 작은 일이 벌어지면 장차 큰일이 생길 것이니 조심하라는 뜻이지요. 고대 국가에서 정치는 남성들의 영역이었습니다. 여성이 정치에 개입함으로써 정치가 왜곡되거나 역사의 발전이 후퇴하는 경우가 많았다는 것을 잊어서는 안 됩니다.

오자유 변호사 판사님, 이의 있습니다. 원고 측 변호인은 내세 무슨 근거로 여성이 정치에 참여한 것이 역사의 발전을 후퇴시켰다고 말하는 것입니까? 여성을 비하하지 않는다고 말하면서, 실제로는 여성의 정치 참여를 부정적으로 보려는 나쁜 의도가 엿보입니다.

나당연 변호사 판사님, 상대 측 변호인은 저의 진심을 자꾸 왜곡하는군요. 저는 그저 역사를 객관적으로 보자는 것입니다. 현대 정치에서 여성의 참여가 많아진 것은 자연스러운 현상이라고 생각합니다. 하지만 과거, 정치에 참여한 몇몇 여성의 사례를 갖고 여성이 대단했다고 보는 시각에는 찬성할 수 없습니다. 그것은 일부 욕심 많은 여성들이 남성을 이용해 권력을 가진 것일 뿐, 여성 정치가들이 진짜 여성을 위한 정치를 폈던 적은 거의 없었기 때문입니다.

판사 여성들이 남성을 이용해 권력을 가졌을 뿐이라는 말에 대해 좀 더 구체적인 사례를 제시해 주실 수 있을까요?

나당연 변호사 조선 시대에 정치를 했던 여성들 가운데 남성의 권력에 기대지 않고 정치를 한 여성은 없었다고 해도 틀린 말이 아닙니다. 중종의 왕비였던 문정 왕후는 나이 어린 왕을 대신해 **수렴청정**을 했습니다. 그녀는 자신의 아들인 명종 시대에 정치의 전면에 나섰는데, 명종을 회초리로 때리거나 떼를 써서 자신이 원하는 것을 얻었지요. 또 **을사사화**를 일으켜 신하들을 마구 죽이는 등 조선의 정치를 퇴보시켰습니다. 숙종의 총애를 받은 **장희빈**도 왕비가 되기

수렴청정
임금이 어린 나이에 왕위에 올라 올바른 정치를 할 수 없을 때, 왕의 어머니 또는 할머니가 왕을 대신해 신하들과 정치를 논하고, 최종 결정을 내리는 것을 말합니다. 고구려에서는 한 번, 신라에서는 두 번, 고려에서는 네 번, 조선에서는 여덟 번의 수렴청정을 통한 정치 행위가 있었습니다.

을사사화
1545년, 문정 왕후와 그를 따르는 자들이 그녀를 반대하는 자들을 귀양 보내거나 죽인 사건을 말합니다.

장희빈

조선 시대 제19대 숙종 때의 후
궁으로, 왕자 윤을 낳았는데 세
자가 되자 희빈으로 책봉되었습
니다. 남인이었던 장희빈은 이
후 남인과 서인의 권력 다툼에
서 남인이 승리하자 왕비에 오
르기도 하였으나, 이후 다시 희
빈으로 강등되었지요.

위해 음모를 꾸몄고, 그 과정에서 많은 신하들이 죽임을
당했지요. 이외에도 많은 사례가 있습니다.

오자유 변호사　　이의 있습니다, 판사님. 원고 측 변호인은
과거 여성의 정치 참여가 나쁘다는 편견을 갖고 있는 듯
합니다. 여성이 저지르는 나쁜 사례만 이야기하는데 그럼,
남성들은 늘 정치를 잘해 왔단 말인가요? 폭군이라 불리
는 사람들은 모두 남성이지 않습니까! 여성이 정치에 참여
하는 것이 왜 나쁩니까? 지금껏 여성이 정치에 꾸준히 참여해 왔기
때문에, 선거에 의해 여성이 공직에 진출할 기회도 얻게 되었고, 여
러 나라에서 여성 대통령도 등장한 것이 아닙니까?

나당연 변호사　　판사님, 과거와 지금은 다릅니다. 우씨 왕후만 하
더라도 왕후가 된 까닭에 권력을 갖게 된 것이 아닙니까? 그런데 왕
후가 된 후에 그녀는 무엇을 했습니까? 왕후라는 지위를 이용해 자
신이 속한 연나부에 권력을 몰아주었고, 그 결과 연나부의 귀족들이
교만해져 반란까지 일으키지 않았습니까?

오자유 변호사　　판사님, 이의 있습니다. 연나부의 반란은 남성인 좌
가려 등이 주도해 일으킨 것으로, 우씨 왕후의 탓만이 아닙니다. 무
엇보다 반란이 발생한 이후에도 우씨 왕후가 계속해서 왕후 자리를
지킬 수 있었던 것은 좌가려의 반란에 직접적인 책임이 없었기 때문
입니다.

나당연 변호사　　과거 여성의 정치 참여가 문제가 되는 것은 여성 정
치인들이 쉽게 얻은 권력을 어떻게 행사해야 될지 몰랐기 때문입니

다. 신라에 여왕이 세 명 있었다고 하지만, 그들이 정말 정치를 잘했습니까? 그렇지 않습니다. ▶51대 진성 여왕은 신라 멸망을 재촉한 여왕으로 널리 알려져 있고, 28대 진덕 여왕은 김춘추와 김유신의 꼭두각시에 불과하지 않았습니까. 대체 과거 어떤 여성들이 정치를 잘했다고 말할 수 있습니까?

오자유 변호사 판사님, 원고 측 변호인의 말은 너무 지나친 면이 있습니다. 진덕 여왕은 신라가 삼국을 통일하는 결정적 계기를 만들었고, 진성 여왕은 신라를 망하게 한

교과서에는

▶ 신라 진성 여왕 때는 중앙 정부의 기강이 매우 문란했습니다. 지방에서 조세를 납부하기를 거부해, 국가 재정은 바닥이 났고, 중앙 정부는 재정 파탄을 피하기 위해 더 강압적으로 조세를 징수했지요. 그래서 결국 전국 각지에서 농민들이 봉기하기에 이르렀습니다.

것이 아니라 망해 가는 신라를 개혁하려고 노력한 왕이라는 주장도 있습니다. 아직 논란이 되고 있는 문제까지 꺼내 무조건 여성 정치가는 나쁘다는 식으로 말하는 것은 여성 전체에 대한 모함이라고 할 수 있습니다.

판사   인정합니다. 원고 측 변호인, 일부 표현에 지나침이 있습니다. 주의하기 바랍니다.

오자유 변호사   존경하는 판사님, 뛰어난 여성 정치가 한 분을 모셔 여성 정치가에 대한 오해를 풀고자 합니다. 고구려 6대 태조 대왕의 어머니인 부여 태후를 증인으로 신청합니다.

판사   좋습니다. 증인은 선서를 해 주세요.

부여 태후   진실만을 말할 것을 선서합니다.

판사   오자유 변호사, 증인 신문을 시작하세요.

오자유 변호사   부여 태후께서는 방청석에서 그동안의 공판을 지켜보셨을 테니, 오늘 재판의 문제점을 잘 알고 계시리라 생각합니다. 여성 정치가로서 증인께서 하신 일을 말씀해 주시지요.

부여 태후   이번 재판은 나와도 아주 밀접한 관련이 있습니다. 그래서 이렇게 증인으로 나서게 되었고요. 정치를 잘하고 못하고는 뒷날 후손들이 판단하는 것이니, 나 자신이 뛰어난 정치가였다고 감히 말할 수는 없을 것입니다. 하지만 나는 일곱 살이었던 아들을 대신해 10년간 정치를 하면서 고구려를 크게 발전시켰습니다.

오자유 변호사   그렇다면 그 10년간 구체적으로 어떤 일을 하셨는지 말씀해 주시겠습니까?

부여 태후 고구려는 당시 영토를 확장하며 크게 성장하는 나라였습니다. 나라가 발전하기 위해서는 위협적인 석으로부터 자신을 보호할 수 있어야 하는데, 나는 가장 먼저 고구려의 서쪽인 요서 지역에 열 개의 성을 쌓아, 적국인 후한 군대의 침략에 대비했습니다. 또 동옥저를 정벌하여 그 땅을 성읍으로 삼고, 영토를 개척했지요. 이 일로 고구려의 영토는 동쪽으로는 동해, 남쪽으로는 청천강에 이르게 되었지요. 이것은 동해안의 풍부한 해산물과 소금을 확보하여 고구려를 부유하게 하기 위해서였습니다. 내가 이렇게 고구려의 힘을

키워 놓은 덕택에 아들인 태조 대왕은 고구려 주변의 작은 나라들을 정벌하고 더 큰 영토를 가질 수 있게 된 것입니다.

오자유 변호사   증인은 고구려를 발전시키는 데 큰 공을 세우셨군요. 그렇다면 어떻게 권력을 갖게 되신 겁니까? 단지 어린 아들이 임금이 되었기 때문에 권력을 갖게 된 것은 아니라고 알고 있습니다만.

부여 태후   물론이지요. 오히려 어린 아들이 임금이 된 것은 모두 나의 공이었지요. 53년, 고구려는 **모본왕**이 정치를 잘못해 사람들이 괴로워했습니다. 나는 내가 속한 부족의 사람들에게 지시하여 임금을 바꾸었습니다. 내 명령을 받은 두로라는 자가 모본왕을 죽였고, ▶이어 열린 귀족 회의에서 내 아들을 임금으로 삼도록 조정했지요.

오자유 변호사   그러니까 힘으로 권력을 바꾼 혁명 혹은 쿠데타를 일으킨 셈이로군요. 그런데 증인에게는 일곱 살 난 아들 외에도 남편인 재사 씨가 있지 않았습니까?

부여 태후   물론 있었습니다만, 내가 속한 부족의 우두머리는 바로 나였습니다. 남편은 정치에 관심이 없어서, 내가 직접 정치를 했습니다. 고구려 사회에서도 여성이 왕이 되는 것에 대한 저항이 있었기에 자식을 앞세웠을 뿐, 실제로 10년간 고구려의 임금은 나였고, 그 자리는 내 스스로 만든 것입니다.

교과서에는

▶ 고구려, 신라, 백제에는 모두 귀족 회의체가 있었습니다. 고구려의 제가 회의, 백제의 정사암 회의, 신라의 화백 회의가 이에 해당합니다.

오자유 변호사　　그렇다면 고구려에서 여성이 부족장이 된 경우가 승인 외에 또 있습니까?

부여 태후　　물론입니다. 이 자리에 있는 피고 우씨 왕후도 연나부의 우두머리였지요. 그뿐만 아니라 고구려와 백제 건국의 주역인 **소서노** 왕후도 졸본 부여의 우두머리였습니다. 소서노가 졸본 부여의 모든 힘과 재산을 **추모왕**에게 주지 않았다면, 고구려는 건국되지 못했을 것입니다. ▶또한 그분이 앞장서서 두 아들인 비류와 온조를 데리고 남쪽으로 가지 않았다면, 백제도 건국되지 못했을 것이고요.

오자유 변호사　　그렇군요. 그러면 여성 정치가로서 갖추어야 할 덕목은 무엇이라고 생각하십니까?

부여 태후　　정치는 무엇보다 '이것이다'라고 과감하게 결정하는 결단력이 중요합니다. 또 일을 끝까지 강하게 밀어붙여 잘 마무리하는 추진력과 올바른 판단력이야말로 정치가의 핵심적인 덕목이라고 할 수 있지요. 여성은 오히려 남성보다 흔들리지 않고 결단을 잘 내립니다. 다만 정치적인 훈련이 부족했기 때문에 능력을 발휘하지 못했을 뿐이지요. 나는 일찍부터 한 집단의 운명을 책임지고, 미래를 위해 무엇을 할지 고민했기 때문에 나라를 다스리는 일까지 참여하게 된 것입니다. 나는 여성이기 때문에 정치를 하지 말아야 한다고 생각해 본 적이 없습니다.

오자유 변호사　　증언 감사합니다. 이상으로 증인에 대한

소서노
백제의 건국 설화 중 비류 설화에 나오는 인물로서, 백제의 시조인 비류와 온조의 어머니입니다. 졸본 사람인 연타발의 딸로 태어나, 주몽을 만나, 함께 고구려의 건국을 주도하였습니다.

추모왕
고구려의 시조로 성은 고(高), 이름은 추모이며, 해모수의 아들입니다. 주몽은 활을 잘 쏜다는 의미의 별명입니다. 그는 졸본에 나라를 세우고 국호를 고구려라 하였지요. 재위 기간은 기원전 37년에서 기원전 19년까지이며 동명 성왕이라고도 합니다.

교과서에는

▶ 백제의 시조인 온조의 설화에는 백제의 건국 과정이 잘 드러나 있습니다. 주몽의 아들인 유리가 졸본으로 주몽을 찾아오자 비류와 온조 형제는 그를 피해 남쪽으로 내려갔습니다. 그리고 비류는 미추홀에, 온조는 위례성에 각각 자리를 잡았지요. 이후 비류의 세력은 온조의 세력에 흡수되었습니다.

신문을 마치겠습니다.

판사   원고 측 변호인은 신문할 것이 없습니까?

나당연 변호사   네, 없습니다.

판사   그렇다면 증인은 자리로 돌아가도 좋습니다.

오자유 변호사   증인의 증언처럼, 우씨 왕후의 정치적인 행동은 돌발적인 것이 아니라, 고구려에서는 충분히 가능했던 일이었습니다. 부여 태후, 소서노 등의 사례에서도 볼 수 있듯이 여성이기 때문에 정치를 못한다거나, 여성이 나섰기 때문에 정치가 왜곡되었다는 발상은 잘못이라고 주장하는 바입니다.

판사   자, 벌써 시간이 많이 흘렀군요. 양측의 주장이 평행선을 긋고 있어 판결이 쉽지 않습니다. 오늘 양측이 제기한 변론은 최종 판결에 반영될 것입니다. 잠시 휴정한 후에 원고와 피고 두 사람의 최후 진술을 듣는 것으로 오늘 재판을 마무리하겠습니다.

땅, 땅, 땅!

고구려 평민 여성들의 생활

고구려의 평민 여성들은 먹고살기 위해 힘들여 농사짓고, 길쌈을 해서 옷감을 짜고, 음식을 만드는 등 집안일로 바쁘게 살았습니다. 그래서 평민 여성들은 왕후나 귀족 여성들과 달리, 화려한 무늬의 비단으로 만든 옷이 아니라 삼베, 가죽 등으로 만든 옷을 입었습니다. 일하기 편리하게 소매도 넓지 않았지요.

또 고구려는 전쟁이 많은 나라였던 만큼, 남편이 일찍 죽어 과부가 된 여성들이 많았습니다. 형사취수혼에 의해 남편의 형제와 함께 사는 경우도 있었지만, 고구려 후기에는 새로운 사람과 쉽게 재혼할 수도 있었습니다. 고구려 여성들은 조선 시대 여성들과 달리 자유롭게 외출했고, 제천 행사인 동맹(東盟, 고구려 때 매해 10월에 지내던 제천 의식으로 온 나라 백성이 추수에 대한 감사로 하늘에 제사하고 춤과 노래를 즐긴다)이 열릴 때면 남자들과 자유롭게 연애도 할 수 있었습니다. 밤새도록 술 마시고 춤추면서 삶의 피로를 풀기도 했답니다.

주름치마를 입은 고구려 여인　　부엌에서 일하는 여성

다알지 기자

　　우씨 왕후와 발기 왕자의 마지막 공판이 벌
어지고 있는 역사공화국 법정 앞에 나와 있는,
법정 뉴스의 다알지 기자입니다. 이번 소송만큼 뜨
거운 관심을 받으며 논쟁을 불러일으킨 소송도 없지 않았나 싶습니다.
오늘 공판에서는 우씨 왕후와 연우 왕자의 재혼이 어떻게 이루어졌고,
여성의 정치 참여가 역사에 미친 영향력 등에 대한 내용이 주로 다루
어졌습니다. 아무튼 기나긴 모든 법정 공방은 끝나고 이제 원고와 피
고 양측의 최후 진술만 남겨놓고 있는데요. 그럼, 여기서 오늘 재판에
증인으로 나온 두 분을 모시고 이야기를 나눠 보겠습니다. 먼저『동사
강목』이란 역사서를 쓰신 안정복 선생님께 오늘 재판에 대한 소감을
듣도록 하겠습니다. 그리고 뒤이어 여성의 정치 참여에 부정적이었던
원고 측 변론에 맞서 고구려를 직접 이끌었던 경험을 바탕으로 당당하
게 증언을 해 주신 부여 태후께 여성의 정치 참여를 어떻게 생각하시
는지 들어 보겠습니다.

안정복

우씨 왕후는 남편인 고국천왕이 죽은 후 시 동생인 연우 왕자를 꾀어서 형제간의 의리를 상하게 하고, 발기 왕자가 마땅히 받아야 할 왕위까지 빼앗았지요. 이는 도저히 용납할 수 없는 죄를 지은 것입니다. 또 우씨 왕후의 꾐에 넘어간 연우 왕자도 왕위를 빼앗은 도둑에 불과하고요. 발기 왕자 역시 요동 태수를 끌어들여 문제를 해결하려고 한 것은 큰 잘못입니다. 그런데 발기 왕자는 죽음으로 사죄를 하였으니, 더 이상 그에게 죄를 물을 수는 없겠지요. 하지만 우씨 왕후와 연우 왕자에게는 죄를 물어 마땅하다고 생각합니다. 그리고 문정 왕후나 장희빈 등의 예에서 볼 수 있듯이 여성의 정치 참여는 역사를 후퇴시켰습니다. 정치에 참여한 여성들은 남성을 이용해 권력을 가졌고 감정적으로 그 힘을 휘둘렀지요.

부여 태후

　　내가 살던 고구려는 물론이고 고려 시대까지
만 해도 여성은 비교적 자유로운 생활을 할 수 있
었습니다. 그런데 조선 시대 들어 남자와 여자를 차별하
는 성리학이라는 학문을 받아들이면서 여성의 자유가 억압되었지요.
사실 우씨 왕후가 연우 왕자와 힘을 합쳐 발기 왕자로부터 왕위를 빼
앗은 것은 정당한 방법은 아닙니다. 하지만 이미 그 승부는 끝난 것입
니다. 이미 끝난 일에 발기 왕자가 소송을 제기한 것이 그리 좋아 보이
지 않는군요. 그리고 여성도 얼마든지 정치를 잘할 수 있습니다. 나뿐
만 아니라 소서노 역시 훌륭한 정치가였지요. 여성이 정치에 참여하는
것은 아무런 문제가 없어요!

우씨 왕후의 행실은 비판 받아 마땅합니다

VS

나의 결정은 고구려를 위한 것이었습니다

판사 　자, 마지막으로 당사자의 목소리를 들어 볼까요? 배심원단은 물론이고 내가 작성할 판결문에 영향을 미치는 발언이니, 원고와 피고는 신중하게 발언해 주세요. 그럼, 먼저 원고부터 말씀해 주실까요?

발기 왕자 　이번 재판을 통해 나는 권력을 동생에게 빼앗기고, 역사의 반역자로 낙인찍힌 어두운 과거의 기억에서 벗어나고 싶습니다. 단지 그뿐입니다. 내가 권력을 다시 찾고자 후한의 세력을 고구려로 끌어들인 잘못을 저질렀기 때문에 이번 소송을 망설였던 것도 사실입니다. 하지만 후대 사람들이 우씨 왕후를 당당하게 자기 의지에 따라 살다 간 여성으로만 평가하고, 그녀가 내게 잘못한 일은 큰 문제가 아닌 것처럼 받아들이는 것에 화가 나 소송을 하게 되었습니다.

역사는 후대 사람들에게 과거의 경험을 비춰 주어 오늘을 반성하게 하는 거울이라고 들었습니다. 그렇기 때문에 잘못된 일은 비판해야 하는 것이지요. 우씨 왕후의 행실이 잘못되었다는 것은 고구려 사람들도 모두 알고 있었고, 후손들도 오랫동안 그렇게 알고 있었습니다. 그런데 최근 들어 여성 운동이니 뭐니 하면서 우씨 왕후를 치켜세우고, 상대적으로 나를 못난 사람으로 평가하는 사람들이 생기고 있습니다.

때문에 나는 이번 소송을 통해 우씨 왕후의 잘못된 행동을 분명하게 밝힘으로써, 추락한 내 명예가 회복되기를 간절히 바랍니다. 그러므로 내가 진정한 왕위 계승자였음을 인정해 줄 것과, 피고인 우씨 왕후를 고구려의 반역자 명단에 올려 주기를 바라는 바입니다. 그럼 판사와 배심원 여러분의 현명한 판단을 기대합니다.

판사 네, 그럼 이제 피고의 변론을 듣겠습니다. 더 이상 발언할 기회가 없으니 하고 싶은 말은 모두 해도 좋습니다.

우씨 왕후 네, 판사님. 먼저 이번 소송에 피고가 되어 역사공화국에 소란을 일으킨 점, 이 자리를 빌려 사과드립니다. 원고와 달리 나는 살아생전 두 번이나 왕후가 되어 부귀영화를 누렸으니, 이 정도의 수모는 참을 수 있습니다. 하지만 분명히 말씀드리고 싶은 것은, 내 행동은 정치 지도자로서 나 자신과 연나부, 그리고 고구려를 위한 것이었다는 점입니다. 연우 왕자를 산상왕으로 만들고, 내가 다시 왕후가 된 일은 고구려 사람들로부터 잘못된 것이 아니라고 인정받았습니다. 또한 명재상 을파소를 비롯한 신하들의 도움을 받아 고

구려를 잘 다스렸지요. 그러니 성격이 사나워 백성들로부터 미움을 받은 발기 왕자가 임금이 되는 것보다는 고구려에 더 큰 도움이 되었다고 자신 있게 말할 수 있습니다.

그럼에도 불구하고 지금의 소송이 벌어지게 된 것은 여성에 대한 남성들의 오랜 편견에서 비롯되었다고 생각합니다. 만약 발기 왕자가 내가 아닌 다른 남성과의 정치적인 싸움에서 패했어도 이렇게 소송을 제기했을까요? 발기 왕자는 역사의 패배자입니다. 백성의 지지를 받지 못해 싸움에서 패한 것입니다. 쩨쩨하게 역사공화국의 영혼이 되어서까지 소송을 제기합니까? 1,800년이 지난 옛일을 아직도 잊지 못하고 있다는 것만으로도 발기 왕자는 왕이 될 능력과 재능이 부족하다는 것을 말해 주지 않습니까?

정치에는 결단이 필요합니다. 어떤 일이든 과감하게 결정하고, 그 결정에 책임을 지는 것이 정치 지도자라면 가져야 할 덕목이지요. 만약 이 법정에서 내가 잘못했다는 판결이 내려진다면 나는 발기 왕자에게 사과하겠습니다. 하지만 그렇다고 해서 그때 나의 행동을 후회하지는 않습니다. 그리고 근래에 와서는 한 시대를 당당하게 살았던 여성으로 평가받는 데 대해 큰 자부심을 갖고 있습니다.

나에 대한 긍정적인 평가는 실로 오랜만에 보는 것이었습니다. 조선 시대에 유학자로 살다가 역사공화국에 온 영혼들은 나를 아주 심하게 비난하더군요. 나는 오래도록 참았습니다. 그러다 최근 역사공화국에 온 많은 여성들이 나를 당차고 용감한 언니라고 대접해 주는 것이 무척이나 고마웠습니다. '역사에 대한 평가가 이렇게 바뀌기도 하는구나' 하고 새삼 느끼는 중이지요. 그런데 이번에 원고 측이 조선 시대의 유학자를 불러다 나를 비판하는 것을 보고 참 갑갑했습니다. 나는 최근에 전 세계적으로 여성이 남성과 동등한 권리를 누리며 사는 모습이 무척이나 기뻤습니다. 이에 자극을 받아 이곳 영혼 세계에서도 업적보다 낮게 평가받는 여성 영혼들의 인권을 향상시키려고 노력하게 된 것이고요. 나는 앞으로도 이 일을 계속할 생각입니다. 나는 역사공화국 법정에서 현명하게 이번 소송의 결과를 판단해 주리라 믿습니다. 이만 마치겠어요.

판사 네, 수고하셨습니다. 여기까지 달려오느라 원고 측도, 피고 측도, 그리고 배심원 여러분도 모두 수고 많으셨습니다. 4주 후에 판결문을 공개하겠습니다. 그때까지 방청객 여러분도 한번 판결을 내려 보길 바랍니다. 그럼 발기 왕자 대 우씨 왕후의 모든 재판을 이것으로 마치도록 하겠습니다.

땅, 땅, 땅!

역사공화국 한국사법정 재판 번호 06 발기 왕자 vs 우씨 왕후

주문

　역사공화국 한국사법정은 발기 왕자가 우씨 왕후를 상대로 제기한 명예 훼손에 대한 손해 배상 청구를 기각한다.

판결 이유

　원고는 자신이 고구려의 진정한 왕의 계승자였으며, 우씨 왕후와 연우 왕자를 고구려의 반역자 명단에 올려 주기를 청하였으나, 이에 대한 충분한 근거가 부족하므로 이를 기각하는 바이다.

　원고와 피고의 갈등은 권력 다툼의 결과로 빚어진 정치적 갈등이었다고 판단된다. 피고가 원고를 제치고 권력을 장악한 것은 그 과정에 문제가 있었다고 하지만, 나라를 배신하고 외세를 끌어들여 피고를 공격한 원고에게도 문제가 있다. 또한 피고가 왕위 계승 서열 1순위였다고 하더라도, 백성의 마음을 얻지 못해 권력을 빼앗겼다고 할 수 있다. 피고가 형사취수제의 원칙을 훼손했으며, 조선 시대의 관점에서 볼 때 문제가 있는 결혼을 했다고 하더라도, 고구려 시대에는 별문제가 되지 않았으므로 이를 잘못이라고 인정할 수는 없다.

　다만 원고가 주장한 것처럼, 피고가 당당히 살았던 여성의 대표 주

자처럼 받아들여지는 것이 잘못이라는 점은 인정한다. 피고는 자신과 자신이 속한 연나부를 위한 정치인이었을 뿐, 여성의 인권이나 고구려의 발전을 위해 노력한 것으로 보이지는 않는다. 따라서 피고의 정치적 행동이 미화되어서는 안 된다고 판단한다.

따라서 본 법정은 원고는 자신이 왜 정치가로서 실패했는지를 반성하는 시간을 가질 것과, 피고는 그 자신으로 인해 피해를 입은 사람들을 위해 봉사하는 시간을 가질 것을 권고한다.

역사공화국 한국사법정 담당 판사 공정한

"억울한 여성들은 모두
나, 오자유에게 오세요"

오자유 변호사는 힘든 소송을 마치고 기운이 쭉 빠져 사무실의 안락의자에 털썩 주저앉았다.

"나당연, 이 한심하고 꽉 막힌 남성 우월주의자! 아으, 정말 싫어."

오자유 변호사는 이번 소송을 겪으면서 우씨 왕후가 여성이기 때문에 알게 모르게 차별을 받았다는 생각이 들었다. 하지만 나당연 변호사가 한 말 가운데 뭔가 석연치 않은 말이 떠올랐다.

'우씨 왕후의 행동은 그녀 자신을 위한 것이지, 여성들을 위한 행동이 아니야.'

"그래, 나당연 변호사의 말이 틀린 말은 아니야. 우씨 왕후가 자신의 운명을 걸고 큰일을 벌인 당찬 여성인 건 분명하지. 대단히 용감했고, 결단력도 있었어. 정치가로서 충분히 성공할 만한 능력을 갖쳤지. 자식을 낳지 못했다는 것을 제외하면, 그녀는 확실히 많은 것을 가진 여성이었어. 하지만 나는 우씨 왕후 때문에 고통을 겪었을 다른 사람들은 생각하지 못했어. 아무래도 내가 열심히 변호해야 할 사람은 우씨 왕후같이 살면서 부귀영화를 누린 사람은 아닌 것 같단 말이지.”

오자유 변호사는 이번 소송을 자꾸 되새겨 보았다. 그때 마침 ‘똑똑’ 하고 문을 두드리는 소리가 들렸다.

“네, 들어오세요. 어떻게 찾아오셨지요?”

“나는 백제 사람인 **도미 부인**이라고 합니다. 백제 개로왕을 상대로 손해 배상 청구 소송을 제기하고자 합니다.”

“소송을 내고자 하는 이유를 구체적으로 말씀해 주시겠어요?”

“네. 백제 개로왕이 나의 미모에 반해, 이미 도미와 결혼한 나에게 몹쓸 짓을 하려고 했습니다. 그리고 남편인 도미에게 억울한 누명을 씌워 장님으로 만들어 버리는 등 정말 나쁜 짓을 많이 했습니다.”

도미 부인과 한참 이야기를 하고 있을 때, 또다시 ‘똑똑’ 하고 문을 두드리는 소리가 들렸다.

“잠시만요. 어떻게 오셨습니까?”

“나는 1636년 **병자호란** 때 청나라로 끌려갔다가 다시 조선으로 돌아온 여자로 사람들은 나를 ‘환향녀(고향으로 돌아온 여자)’라고 합니다.”

“네? 화……화냥……? 아니, 아무튼 그런데요?”

도미 부인
백세의 제21대 개로왕이 노비 부인의 아름다움에 반했으나, 도미 부인이 끝까지 정절을 지켰다는 이야기입니다. 도미 부인이 지혜를 발휘하여 위기에서 벗어나자, 화가 난 개로왕은 남편인 도미를 장님으로 만들어 버렸답니다. 이 이야기는 『삼국사기』에 실려 있지요.

병자호란
정묘호란(1627)이라 불리는 조선 시대 후금의 1차 침입 이후, 후금의 태종이 국호를 청(淸)으로 고치고 2차로 침입하여 일어난 전쟁(1636)입니다. 병자호란 후에 조선은 북벌 운동을 추진하게 되지요.

에필로그 ● 135

"그런데 조선에서는 나를 '화냥년'이라고 욕하면서, 결혼을 못 하게 하는 것은 물론 고향 마을로 돌아오는 것소자 막았습니다."

"왜 그런 일이 벌어진 것입니까?"

"그건 나와 같은 환향녀들이 오랑캐에게 잡혀가서 몸이 더럽혀졌다고 생각했기 때문입니다. 그런데 당시 사람들은 나와 같이 청나라에 잡혀갔다가 돌아온 남자들에게는 아무런 차별도 하지 않더군요. 너무 분합니다."

"전쟁에서 진 것은 조선의 남자들이 잘못해서 진 것인데, 왜 여성들 탓을 한단 말입니까."

오자유 변호사는 몹시 화가 났다. 오자유 변호사의 표정 변화를 지켜보던 환향녀가 다시 말을 꺼냈다.

"너무 원통합니다. 어디다 하소연할 곳이 없어, 죽어서도 한 맺힌 귀신이 되었습니다. 그러다 이번 소송에서 오 변호사님이 변론하는 것을 보고, 용기를 내 찾아왔지요."

"네, 알겠습니다. 제가 사건을 맡지요."

그날 이후, 오자유 변호사의 사무실은 억울함을 호소하는 역사 속 여성들로 붐볐다.

"휴, 내가 할 일이 이렇게 많다니. 과거 역사에서 억울한 일을 당한 여성들이 있는 한, 나는 계속 그들을 변호해 주어야겠어."

오자유 변호사는 소송 서류를 들고 다시 법정으로 향했다.

고구려인의 생활이 담긴
고구려 대장간 마을

　광활한 대륙을 가진 고구려가 있을 수 있었던 것은 그만큼 강력한 철기 문화가 뒷받침이 되었기 때문에 가능했던 것입니다. 그런 의미에서 구리시 아천동 우미내 마을 인근에 가면 2,990m²의 공간에 자리 잡고 있는 '고구려 대장간 마을'이라는 곳이 의미가 있다고 할 수 있습니다. 서울 광진구와 구리시의 경계로 한강 유역에 있는 산인 아차산 4보루에서 발견된 고구려의 대장간과 유물을 근거로 2007년도에 유적전시관과 야외전시물로 조성된 곳이지요. 고구려 광개토 태왕의 모습을 담은 드라마 〈태왕사신기〉를 비롯하여 여러 사극을 촬영한 장소로 알려져 있습니다.

　이곳 고구려 대장간 마을은 크게 '아차산 유적 전시관'과 대장간, 마굿간, 망루, 광개토 태왕비 등으로 구성되어 있습니다. 이 중 지상 2층 규모의 전시관에는 각종 도자기와 투구 등 아차산 제4보루에서 발굴된 다양한 유물이 전시되어 옛 고구려의 모습을 조금이나마 엿볼 수 있지요. 이곳에서는 고구려 시대의 다양한 기와에 대해서도 살펴볼 수 있고, 아차산 4보루에서 출토된 고구려 토기들도 직접 볼 수 있답니다. 특히 고구려 대장간의 철기 제작 과정을 그림과 실물로 살펴볼 수 있어 오래전 조상들의 시혜와 생활을 느껴 볼 수 있지요.

또한 야외에 있는 대장간에서는 지름 7m에 이르는 커다란 물레방아가 눈길을 끕니다. 대장간 내부에는 당시의 생활을 추측해서 만들어 본 2층 높이의 화덕을 비롯해 숯과 무기를 만들 때 사용하는 망치 등의 장비와 칼, 화살촉, 말발굽 등 다양한 철제 소품들이 있어 고구려 철기 문화를 살펴볼 수 있답니다.

찾아가기 **주소** 경기도 구리시 아천동 316-47번지
　　　　　 전화번호 031-550-2363, 2364
　　　　　 홈페이지 www.goguryeotown.co.kr

고구려 대장간 마을 입구

전시관 내부

사진 출처: 구리시청

『역사공화국 한국사법정 06 왜 고구려 우씨 왕후는 두 번 왕후가 되었을까?』와 관련한 논술 문제를 풀어 봅시다.

※ 다음 제시문을 읽고 물음에 답하시오.

(가) 고구려에서는 남녀 사이에 서로 의사가 맞고 사랑이 싹트면 혼인하기로 약속했습니다. 부모는 자식들의 결정에 반대하지 않고 동의해 주었는데, 혼인을 결정하면 남자 집에서는 돼지와 술을 신부 집에 보내는 것으로 할 일을 다했습니다. 폐백 따위의 예물을 신부네 집에서 받지 않았으며, 유교식의 복잡한 혼례도 하지 않았습니다.

혼인이 결정되면 신부 집에서는 집 뒤에 '서옥'이라는 작은 집을 지었는데, 이 집은 사위가 사는 집이었지요. 사위가 된 신랑은 날이 저물면 신부의 집 앞에서 무릎을 꿇고 절을 하며 자신을 받아들여 줄 것을 공손하게 빌었습니다. 세 차례 걸쳐 요청하면 마지못한 척 받아들이는 순서를 밟았지요. 이후 서옥에 들어가서 신부와 함께 살며 데릴사위 노릇을 하였습니다. 그리고 신부가 아이를 낳게 되거나 장성하면 가족을 데리고 본가로 갔답니다.

(나) 고구려에는 '형사취수'라는 형이 죽으면 형수를 아내로 삼는 제
    도가 있었습니다. 여자는 과부가 되면 생활을 꾸리기가 쉽지
    않아 시동생이 형수와 형의 아이들을 돌봐 준다는 의미에서 아
    내로 맞이했답니다. 그래서 고국천왕이 죽었을 때 우씨 왕후도
    고국천왕의 아우였던 산상왕의 왕비가 되었지요.

1. (가)는 고구려 혼인제도 중 '서옥'에 관한 내용이고, (나)는 '형사취수'
   에 관한 내용입니다. (가)와 (나)의 내용을 바탕으로 고구려 시대 여성
   의 사회적 지위와 가정적 지위에 대해 쓰시오.

※ 다음 제시문을 읽고 물음에 답하시오.

(가) 고구려는 건국 이후 쉬지 않고 정복 전쟁을 벌여 세력을 넓혀 나갔지요. 그래서 크고 작은 여러 부족들을 흡수한 끝에 '5부족 연맹체'를 이루게 됩니다. 여기서 5부족 연맹체란 고구려를 형성하는 데 중심이 된 다섯 개의 씨족 집단을 말하며, 왕족을 포함한 다섯 개의 부족이 고구려를 이끌어 가는 주축이 된 것을 뜻합니다. 고구려의 5부족에는 왕과 왕비를 배출하며 왕실을 이룬 계루부와 소노부를 비롯해, 연나부·환나부·관나부가 있었습니다. 이들은 중요한 나랏일을 논의하고 결정하던 귀족들의 회의인 제가 회의를 통해 나라의 중요한 일을 의논하고 결정했으며, 고구려를 이끄는 중심 세력으로 자리 잡습니다.

(나) 고구려의 5부족 체제는 고구려 제9대 왕인 고국천왕에 이르러 변화를 겪게 됩니다. 동·서·남·북·중의 '5부'로 바뀐 것이지요. 이것은 부족 단위의 연합 국가 형태에서 중앙 집권적인 형태로 바뀌려는 노력으로 볼 수 있습니다. 이는 이후 고구려를 형성하는 중요한 밑바탕이 되게 됩니다.

2. (가)는 고구려의 5부족 연맹체에 관한 내용이고, (나)는 고구려의 5부에 관한 내용입니다. 고구려가 나라의 기틀을 어떻게 잡게 되었는지 (가)와 (나)를 배경으로 쓰시오.

왜 고구려 우씨 왕후는 두 번 왕후가 되었을까?

해답 1 고구려 때는 남녀의 교제와 혼인이 아주 자유로웠습니다. 남녀가 자연스럽게 어울려 대화를 나누기도 하고 혼인을 약속하기도 하였지요. 또한 이러한 과정에서 남녀의 차별은 크게 존재하지 않았던 것으로 보입니다. 혼인의 과정에서도 딸을 둔 집에서 폐백 따위의 예물을 받지 않았는데 이는 "딸을 노예로 팔아먹는 것과 다름없다"고 하여 부끄럽게 여겼기 때문이지요. 그리고 독특한 문화인 '서옥'이라는 풍습이 있는 것처럼 고구려에서는 데릴사위가 보편화되어 있었습니다. 이는 여성들의 사회적 또는 가정적 지위를 반영하는 것이라 할 수 있습니다. 따라서 고구려 사회에서는 남녀 차별의 모습은 거의 보이지 않았던 것으로 볼 수 있습니다.

또한 (나)에서 알 수 있는 형사취수 제도를 보면 재혼을 하는 것에 있어서도 관대하였음을 알 수 있습니다. 우리나라에서 유교 문화가 생활 속에 자리 잡으면서 '형사취수' 제도가 사라졌지만, 일본에서는 근래에까지 이런 풍습이 있었답니다.

해답 2 고구려 5부족은 고구려 건국 초기 연맹국가 형성에 참여한 5개의 부족을 말합니다. 압록강의 지류인 동가강 유역에는 계루부·소노부·연나부·환나부·관나부의 5부족이 세력을 형성하고 있었는데, 이들이 결합하여 고구려를 형성했지요. 처음에는 소노부가 가장 우세하여 왕의 지위를 계승했으나, 점차 계루부가 강성하여 왕족을 이루게 됩니다. 특히 계루부는 6대 태조왕 때부터 강성하여

왜 고구려 우씨 왕후는 두 번 왕후가 되었을까?

5부족을 이끄는 부족으로서 그 지위를 굳건히 해 갑니다. 그러다 세습적으로 왕의 지위를 계승하는 부족이 되었지요. 반면 소노부는 계루부에게 주도권을 빼앗기고 왕족의 지위에서 밀려났으나 다른 부족보다는 우위에 있었으며, 연나부도 왕족인 계루부와 혼인 관계를 맺으면서 왕비족으로 행세하게 됩니다.

하지만 이 부족들의 힘의 균형도 큰 변화를 맞게 됩니다. 고구려가 점점 국가의 모습을 갖춰 감에 따라 국가를 다스리는 힘이 여러 지방으로 나누어져 있지 않고 중앙 정부 한 곳으로 집중하는 중앙 집권이 시도되었기 때문입니다. 이 결과 고구려의 5부족은 국가를 형성한 다음에도 나름대로 독자적인 세력권을 유지하고 있었으나, 고대 왕국으로서 중앙 집권화가 강화되면서 고유의 명칭을 상실하고 각각 방위를 나타내는 명칭으로 바뀌게 되지요.

* 해답은 예시로 제시된 내용입니다.

역사공화국 한국사법정 06

왜 고구려 우씨 왕후는 두 번 왕후가 되었을까?

© 김용만, 2010

초   판 1쇄 발행일 2010년 9월 30일
개정판 1쇄 발행일 2014년 4월 10일
개정판 7쇄 발행일 2022년 12월 1일

지은이   김용만
그린이   이동철
펴낸이   정은영

펴낸곳   (주)자음과모음
출판등록   2001년 11월 28일 제2001-000259호
주소   10881 경기도 파주시 회동길 325-20
전화   편집부 (02) 324-2347 경영지원부 (02) 325-6047
팩스   편집부 (02) 324-2348 경영지원부 (02) 2648-1311
이메일   jamoteen@jamobook.com

ISBN 978-89-544-2306-9 (44910)